HACIA UN NUEVO FEUDALISMO

Jesús Senra Rodríguez

Dedicado a mi esposa, hijo y hermanos por su amor,
a mis amigos por su ayuda y cercanía,
y a toda la gran familia de mariscadoras y mariscadores de Moaña por su
trabajo, espíritu solidario y enorme corazón.

ÍNDICE

- ¿Qué necesitamos?
- Los peligros de las ideologías.
- Tipos de políticos.

CAPÍTULO VIII: LA NECESIDAD DE LA IZQUIERDA

CAPÍTULO I

LA DISTRIBUCIÓN DE LA RIQUEZA

El capitalismo se ha convertido en el sistema económico dominante en el mundo después de conseguir ganarle la guerra ideológica y social a un comunismo imposible del que ya sólo quedan pequeños reductos de extrañas formas como Corea del Norte o Cuba (y a este último poco tiempo le debe quedar).

Esta preponderancia del capitalismo ha configurado un reparto de la riqueza mundial totalmente desequilibrada, dejando en manos de unos pocos la mayor parte de los recursos económicos, y aislando a la mayoría en una burbuja de pobreza que parece agrandarse año tras año. Por esta razón, lo que intentaré analizar en este capítulo inicial son los mecanismos e instrumentos que le han servido y siguen sirviéndole al sistema para conseguir derivar la balanza de la distribución de la riqueza[1] hacia reducidos grupos de poder.

A nadie se le escapa que la base de este sistema capitalista en el que vivimos es el dinero y el ejercicio del poder que conlleva su posesión y control. Por lo tanto, lo primero que debemos saber si queremos entender cómo funciona el capitalismo actual, es cómo y por qué surge el dinero.

Estas dos cuestiones nos las han explicado muchas veces cuando éramos niños, pero repasemos la EGB por aquello de la fragilidad de la memoria.

Inicialmente fue el trueque el mecanismo que permitió el intercambio de las mercancías excedentarias entre personas y pueblos, pero el desarrollo de las actividades y necesidades humanas hizo indispensable la creación de un elemento de intercambio único que cada sociedad y cultura eligió de forma pragmática en función de aquello que estimaba más deseable para el conjunto de la población. Así por ejemplo, han sido consideradas monedas de cambio en diversas culturas: el ganado, las especias, la sal o incluso las conchas.

El nacimiento del comercio entre pueblos distintos y distantes, derivó el objeto

---

[1] *Aunque tienen matices diferentes, consideraré siempre sinónimos dinero y riqueza, ya que el primero es el cuantificador del segundo y nos permite, además, ponerle dimensión a un concepto que puede resultar demasiado genérico.*

de valor común hacia los metales preciosos que tenían, entre otras, las cualidades de ser fácilmente transportables e intercambiables. Sin embargo, su generalización se vio entorpecida por la necesidad de establecer patrones de peso y pureza de los minerales, por lo que podemos decir que el concepto de dinero, tal y como hoy lo entendemos, surge con las primeras acuñaciones de monedas.

Posteriormente aparecerían las monedas de metales no preciosos y los billetes o papel moneda, cuyo valor no se sustentaba ya en los materiales de los que estaban hechos, sino en la garantía que ofrecían sus emisores, las autoridades económicas de los diversos estados, de responder de su valor cierto.

Actualmente, como todos sabemos, no necesitamos ni tan siquiera estas monedas o billetes para adquirir productos y servicios, nos llega simplemente con garantizarle al vendedor que ha habido un traspaso de saldo de nuestra cuenta bancaria a la suya mediante el uso de una tarjeta de crédito, una transferencia o cualquier otro elemento de pago de esos que la creatividad bancaria nos ofrece cada cierto tiempo. Tal es la importancia actual de este tipo de dinero que se estima que el dinero tradicional en moneda y papel no llega a alcanzar el 1% del dinero mundial, siendo el 99% restante dinero no físico basado en productos bancarios de distinta liquidez que van desde nuestras cuentas corrientes, hasta los depósitos a plazos y los activos financieros de alta disponibilidad y bajo riesgo.

Entendido, aunque de forma rápida, el origen del dinero y sus diferentes formas actuales, caigamos entonces en la auténtica base de circuito: ¿cómo está distribuido? o, lo que es lo mismo, ¿quién lo tiene?

El dinero da consistencia a la actividad transformadora del ser humano sobre la naturaleza, y permite la acumulación de valor en cada una de las partes de los innumerables procesos productivos que convierten los recursos gratuitos del planeta en objetos de uso con precio final cuantificable.

Para aclarar este concepto, y a modo de ejemplo, pensemos en la producción[2] de un vaso de vidrio. Es un objeto de uso cotidiano muy simple pero que encierra toda la complejidad asociada a la elaboración de un producto industrial.

Hasta llegar el momento en el que nosotros, como consumidores finales,

---

[2] *El concepto de producción debe entenderse en todo el libro como el proceso que va desde la obtención de las materias primas (cuando el producto es un objeto físico de consumo), hasta la* **comercialización** *y venta de un producto final (ya sea un objeto o un servicio), y no sólo como un sinónimo de fabricación.*

adquirimos el vaso en un establecimiento comercial pagando por él un precio final, el vaso ha ido acumulando valor desde el inicio de su proceso productivo, que podemos situar en el instante en el que un trabajador extrae de la naturaleza la materia prima necesaria para su fabricación (básicamente arena), hasta el momento en el que otro trabajador del establecimiento de venta nos cobra el importe final del vaso. En medio de esos dos pasos ha habido infinidad de fases de un proceso que ha ido transformando la arena en un producto de consumo y que, por lo tanto, ha ido añadiendo poco a poco valor a la arena que la naturaleza nos da de forma gratuita hasta alcanzar el valor final del vaso cuantificado en el dinero que pagamos por él (su precio).

Es un proceso normal de transformación de materias naturales en bienes de uso humano donde en cada fase se le añade una pequeña dosis de valor al producto final.

Naturalmente, todos los intervinientes en el proceso, desde el primer operario de la empresa que recogió la arena de la playa hasta el vendedor del establecimiento que nos cobró el vaso han generado valor en el producto y han recibido en compensación una parte del dinero que hemos pagado por el vaso. Pero ¿quiénes son esos intervinientes y cómo o de qué forma cobra cada uno su parte del valor final generado?

Aunque las fases de cualquier proceso productivo puedan extenderse hasta donde podamos imaginarnos, los tipos de intervinientes siempre serán los mismos; dos de carácter humano: los empresarios y los trabajadores; y uno de carácter institucional: los Estados[3]. Los analizaremos ahora brevemente junto con su forma de recibir la compensación por la parte de valor que le añaden a la producción, pero los desarrollaremos muy ampliamente en la mayoría los temas que vamos a tratar.

- **El empresario.**

  A pesar de que no lo hemos mencionado hasta el momento, el empresario es el primer interviniente en la producción, porque es el que toma la decisión de producir. De él parte la iniciativa de ofrecerle un producto a los consumidores, asumiendo los costes de toda la estructura física de la producción y los riesgos inherentes de su financiación. En definitiva, podríamos definirlo de forma simplista como la persona que aporta el dinero suficiente para producir bienes y servicios.

---

[3] *Siempre me referiré a ellos en mayúscula para darle personalidad propia a un concepto de institución que va a tener una transcendencia fundamental en el desarrollo de todos los contenidos de este libro.*

Representa lo que los economistas llaman "El Capital" y que podríamos asociar, a los efectos que nos ocupan, porque definiciones sobre él hay muchas y muy variadas, con todo lo necesario para producir menos el trabajo humano remunerado. De hecho, en muchas ocasiones, al trabajo se le da la denominación de "Capital Humano".

El empresario recibe la compensación económica por su aportación al proceso productivo en forma de beneficio, que es básicamente el resultado de restarle a los ingresos por la venta del vaso, todos los gastos asumidos en su fabricación. Entre estos gastos están los del pago a los trabajadores, por lo que los empresarios se convierten también en los principales distribuidores del valor generado en la producción.

- **El trabajador.**

El segundo participante en el proceso productivo, como ya podemos deducir de todo lo dicho, es el trabajador, el cual interviene en la producción aportando su tiempo en forma de actividad física e intelectual.

Ya sea el operario de la retroexcavadora que extrae la arena, el camionero que la lleva a la fábrica, el administrativo del departamento de contabilidad que controla la facturación, el reponedor que carga las estanterías con productos en el centro comercial, o el cajero que le cobra al consumidor final, todos intervienen en la producción del vaso, contribuyendo desde sus respectivas empresas a que se complete todo el proceso productivo y, por lo tanto, a la obtención del valor final del vaso. Cada uno en el puesto que ocupa aporta a la producción del vaso su tiempo vital trabajando física e intelectualmente.

La recompensa o pago de este tiempo se produce con el salario, que es el instrumento básico del sistema para retribuir la aportación del trabajador a todo el proceso de producción y materializar su creación de valor. Descrito en términos monetarios, podíamos decir que el salario es la suma de los céntimos de euro que le corresponden al trabajador por haber contribuido a la producción de cada vaso vendido.

- **El Estado.**

Puede parecer que los dos agentes que hemos indicado: trabajadores y empresarios, y sus dos formas diferenciadas de recibir la compensación monetaria por sus aportaciones: salarios y beneficios, completan el circuito de la distribución del valor de la producción, sin embargo, nos falta un tercer componente en ese circuito: El Estado.

El Estado, al contrario que el trabajador y el empresario, no surge como un elemento estructural del proceso productivo (de ahí que muchos defensores del neoliberalismo económico entiendan que es un componente distorsionador del sistema y aboguen por su desaparición o, por lo menos, por su reducción a la mínima expresión), sino como un elemento institucional de regulación y control que facilita el marco necesario para que se produzcan las relaciones económicas propias de la producción y de la convivencia social.

El Estado se introduce en el proceso productivo de forma imperativa, requiriendo para sí una parte de su valor, es decir, una parte del dinero que se genera en la producción.

El instrumento que emplea el Estado para conseguir este fin son los impuestos, que podríamos definirlos de manera simple como los elementos recaudatorios creados por ley para poder darle a la sociedad todos los elementos que no le proporciona la producción e iniciativa privada (servicios públicos, infraestructuras sociales, defensa ciudadana, etc.).

Estos impuestos, como todos sabemos, no son más que tantos proporcionales exigidos de diferentes maneras y en distinta medida a los otros dos grupos de propietarios del dinero: los trabajadores y los empresarios (ya veremos, además, que precisamente en este orden de preferencia).

Con este último interviniente en la distribución de la riqueza tenemos el tercer vértice de lo que podemos denominar "El triángulo del dinero": trabajadores, empresarios y Estados, que se definen entonces como los únicos poseedores de toda la riqueza mundial, materializada en sus tres formas básicas de obtención:

- Trabajadores → Salarios.
- Empresarios → Beneficios.
- Estados → Impuestos

Quizás podamos pensar en otras personas o colectivos que parecieran no adaptarse a este esquema, sin embargo, directa o indirectamente, todos los poseedores de dinero se engloban en este triángulo. Desde un sacerdote católico, como empleado de una empresa que se llama Iglesia, a un rentista de cuentas bancarias, como empresario indirecto que cobra de los beneficios procedentes de la actividad de su banco, o a un pensionista, como perceptor de rentas diferidas del trabajo gestionadas por el Estado, todos forman parte de este triángulo del dinero. El único grupo humano no incluido en él es precisamente el de las personas que no participan en el proceso productivo y que, por lo tanto, no reciben ningún tipo de ingresos: los pobres.

Definidos entonces los grupos propietarios de la riqueza, si ahora hacemos un pequeño ejercicio de abstracción, podemos imaginar fácilmente toda la masa monetaria mundial como tres grandes bolsas de dinero perfectamente diferenciadas por sus tipos de propietarios: Trabajadores, Empresarios y Estados.

Cada una de estas bolsas estará configurada por sus respectivas fuentes de ingresos:

- La bolsa de los trabajadores: por todos los salarios del mundo.
- La bolsa de los empresarios: por todos los beneficios mundiales.
- La bolsa de los Estados: por los impuestos de todos los países.

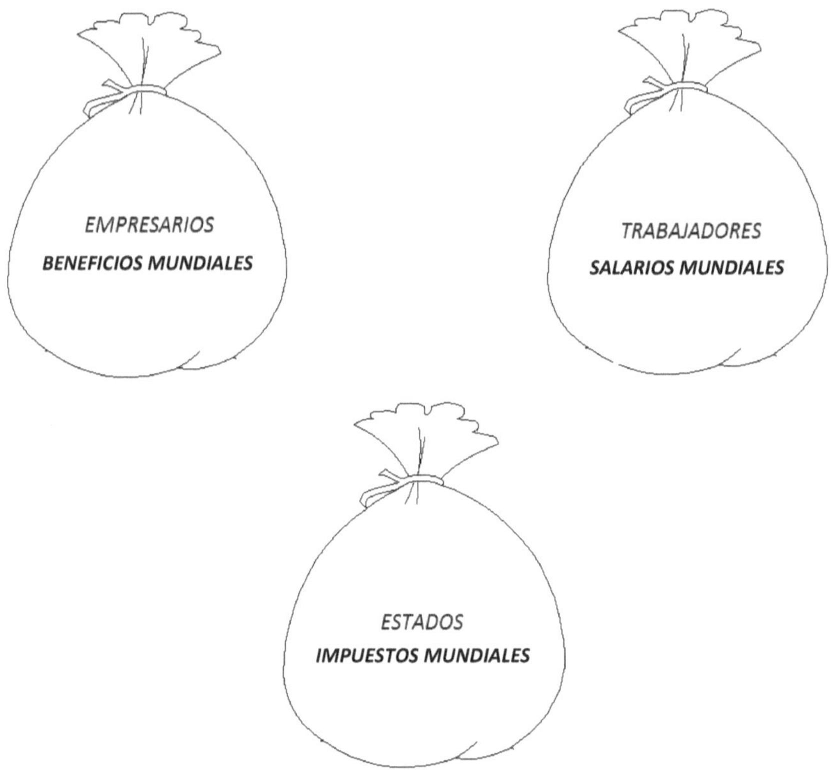

Aunque hago hincapié en su carácter mundial, esta configuración de bolsas se cumplirá para cualquier ámbito geográfico que analicemos, es decir, es lo mismo que hablemos del mundo, de un continente, de un país, o de cualquiera otra zona geográfica de menor tamaño, la distribución del dinero siempre se circunscribirá a estos tres propietarios.

La circulación del dinero

Conocidos los propietarios de la riqueza y sus fuentes de obtención, el siguiente elemento que debemos definir en nuestro objetivo de analizar la distribución mundial de la riqueza, es cómo se mueve el dinero entre ellos o, lo que es lo mismo, cómo se produce su circulación. Para ello nos resultará bastante gráfico continuar con la idea de las bolsas descritas anteriormente como forma de agrupación del dinero en manos de cada uno de esos propietarios.

Podemos entender el movimiento del dinero de dos formas análogas:

- Como los flujos monetarios entre bolsas, es decir, como la transferencia de dinero de una bolsa a otra.

- Como las variaciones de tamaño de las bolsas, ya que toda salida de dinero de una de ellas reduce su volumen y, a su vez, aumenta el de otra.

Es evidente que los movimientos también se producen dentro de cada bolsa puesto que el dinero a veces cambia de manos entre trabajadores (el caso menos habitual), entre empresarios (el caso más habitual), o entre Estados (no muy habitual, pero cuando se produce suele ser de una cuantía tan importante que acaba convirtiéndose en muchos casos en un factor de empobrecimiento y sometimiento de unos respecto de otros). Sin embargo, estos movimientos internos no son los que nos interesan en este momento porque no modifican el tamaño de las bolsas ni tampoco determinan la circulación del dinero.

Definidos los movimientos del dinero, es importante ahora que establezcamos, aunque sea de manera concisa, cómo se producen los flujos monetarios entre estas bolsas. Así, podemos establecer los siguientes flujos básicos:

7. **Trabajadores → Empresarios**.

    El dinero fluye de los trabajadores a los empresarios en forma de pago por los productos y servicios adquiridos por los primeros a los segundos. El trabajador paga lo que le compra al empresario.

8. **Trabajadores → Estados**.

A través de los tributos. Como ya dijimos, el Estado siempre obtiene sus ingresos de forma imperativa por medio de los impuestos.

9. **Empresarios → Trabajadores**.

Este flujo se produce con el pago de salarios. Es la retribución e ingreso básico del trabajador.

10. **Empresarios → Estados**.

De nuevo aparece el impuesto como instrumento de relación.

11. **Estados → Trabajadores**.

Los flujos salientes de los Estados. No son tan explícitos como los anteriores ya que se concretan en las diferentes manifestaciones del denominado gasto público, es decir, el trabajador recibe dinero del Estado en forma servicios que se materializan unas veces de manera difusa en acciones válidas para la generalidad como, por ejemplo, en la construcción de la carretera que le permite al trabajador circular en su coche, y otras veces de manera directa, como en la atención sanitaria personal que le permite mejorar sus salud. Mención aparte merecen los flujos de dinero producidos entre el Estado y los empleados públicos, donde el primero actúa como una empresa y los segundos como sus trabajadores. Los veremos con mayor detalle más adelante.

12. **Estados → Empresarios**.

Al igual que en el caso anterior, este flujo también puede ser indirecto (la misma carretera que le valía al trabajador para trasladarse en su coche le vale al empresario para mover sus mercancías de un punto a otro), y directamente en forma de contratos públicos por obras y servicios, subvenciones, ayudas a la producción y estímulo empresarial, etc.

Vistos los flujos monetarios que provocan las variaciones de tamaño en las tres bolsas del dinero, debemos ahora plantearnos las siguientes cuestiones: ¿Qué tamaño tiene cada una de estas bolsas? y ¿cuál será su evolución?

Es difícil, sino imposible, contestar a la primera pregunta porque no hay datos reales que nos indiquen con certeza cuánto dinero se encuentra en las manos de los trabajadores, cuánto en las de los empresarios y cuánto en las de los Estados. Sin embargo, a tenor solamente de los datos que anualmente nos facilita la revista Forbes sobre los milmillonarios existentes en el mundo, donde comprobamos que menos de 2000 empresarios acumulan la riqueza de Estados, o de diferentes estudios que nos señalan que el 1% de la población posee el 99% de la riqueza mundial, creo que podemos inferir que la bolsa de los empresarios es muy pesada, la de los Estados es más liviana y la de los trabajadores es la más escuchimizada de las tres.

Sin embargo, la cuestión realmente importante no es saber el tamaño de estas bolsas en un momento puntual, sino saber si se mantienen equilibradas en el tiempo o si se están modificando y, si lo hacen, de qué manera está sucediendo.

Como hemos visto, la modificación del volumen de las bolsas viene determinada por seis flujos que marcan los movimientos de dinero entre ellas, por lo que debemos volver a ellos para analizar las actuales prevalencias de unos sobre otros y, de esa manera, poder entender qué está pasando.

Empresarios → Trabajadores.

Empiezo por este flujo porque es el más definitorio de la situación que vivimos y, a la vez, porque es en el que más fácilmente puede verse la tendencia actual materializada en cuatro elementos principales:

1. Reducción de salarios.

    Excepto determinadas élites laborales, casi todos hemos visto como nuestras nóminas han sido atacadas en mayor o menor medida por la voracidad de innumerables recortes respaldados en una crisis que lo justifica todo (podríamos perdernos definiendo este todo, por lo que ahora no lo tocaremos).

2. Reemplazos laborales baratos.

    Las normativas laborales tienden a abaratar el despido o, incluso, a liberalizarlo, lo que permite que los empresarios se deshagan con gran facilidad de sus trabajadores con salarios consolidados y dignos, para sustituirlos por otros con sueldos mucho más bajos y con peores condiciones laborales.

3. Desplazamiento de la producción.

    El traslado de la producción industrial a terceros países alejados de nuestro entorno geográfico como consecuencia directa del proceso de la globalización productiva y comercial que estamos viviendo, lleva aparejado el traslado del trabajo vinculado a esa producción a lugares del mundo donde los salarios son tan reducidos que se hacen prácticamente insignificantes para el empresario.

4. Descenso de las rentas del ahorro.

   La bajada de los tipos de interés del pasivo bancario ha hecho desaparecer los ingresos de los trabajadores con ahorros tradicionales y ha reducido el valor de de los mismos al no poder compensar, ni tan siquiera, las pérdidas generadas por el incremento del IPC.

Estos cuatro elementos definen un entorno de empobrecimiento de la clase trabajadora que provoca que su bolsa de dinero general esté perdiendo un tamaño por la vía de los ingresos (después veremos también qué pasa por la vía de los gastos) que va a repercutir muy significativamente en el resto de flujos.

Empresarios → Estados.

Conceptualmente parece lógico pensar que el Estado, como ente responsable de la elaboración y control de las normas que regulan todos los ámbitos sociales y económicos de un país, debería tener la capacidad de ejercer su posición dominante para, cuando menos, ser capaz de cubrir financieramente sus propias necesidades de dinero recaudando de las otras dos bolsas el suficiente para mantener el equilibrio presupuestario, sin embargo, todos sabemos que esto no es lo que sucede en la mayoría de las ocasiones.

Todos los días escuchamos o leemos en los medios de comunicación noticias sobre los déficits económicos de nuestros Estados y de cómo esos déficits se transforman en los argumentos que justifican todos los recortes sociales de un país.

Las voces que oímos continuamente ante estas situaciones vienen a decirnos siempre que "hemos gastado/habéis gastado (según se lo diga un Estado a sus ciudadanos, o unos Estados a otros) más de lo debido", sin embargo, yo creo que lo que esas voces deberían decir es "hemos/habéis ingresado menos de lo debido".

Por propia definición, los déficits se generan siempre o por exceso de gasto o por defecto de ingreso, y en este caso, yo me inclino, por lo menos entre los denominados países ricos, por esta segunda causa.

La implacabilidad impositiva que los Estados ejercen sobre los trabajadores no se parece ni de lejos a la que ejerce sobre las empresas, y sobre todo, sobre las grandes empresas. La facilidad para hallar caminos de peajes reducidos que encuentran los empresarios en las normativas fiscales que les afectan les permiten pagar proporcionalmente mucho menos que lo que pagan los trabajadores con sueldos totalmente fiscalizados.

La mayoría de los Estados añaden al efecto anterior una, a mi entender, sospechosa propensión a buscar las fuentes de ingresos, no en los impuestos directos sobre la renta y los beneficios, sino en los indirectos sobre el consumo, es decir, se tiende a exprimir al consumo como medio recaudatorio por medio de un tipo de impuestos que, como todos sabemos, tienen muy poco carácter redistribuidor de riqueza y mucho de injusticia social, ya que le exigen lo mismo por la barra de pan al trabajador seiscientoseurista que al empresario milmillonario.

De todas formas, por encima de la reducción de ingresos de los Estados derivada de la reducida carga impositiva del empresario sobre la riqueza que legalmente declara tener y consumir, se encuentra la reducción de ingresos derivada de la riqueza que el empresario no declara tener ni consumir, es decir, aquella que evade.

La mayor reducción de los flujos Empresarios → Estados que sufren nuestras economías es consecuencia nuevamente de la globalización, en este caso no de la globalización productiva y comercial, sino de la globalización financiera. Los instrumentos de evasión fiscal en manos de las élites adineradas han experimentado un crecimiento exponencial gracias a la aparición de unos mercados financieros libres de restricciones a la circulación de capitales que han facilitado las vías para poder escapar de los controles estatales.

Podemos concluir entonces, que el actual flujo Empresarios → Estados tiende a reducir el tamaño de la bolsa de estos en favor de la de los empresarios.

Trabajadores → Empresarios.

Es el flujo que se produce cuando los trabajadores compran los bienes y servicios que producen los empresarios y es, como veremos, el flujo que activa realmente los mercados comerciales y el que sustenta el sistema capitalista.

Si volvemos a nuestro ejemplo inicial del vaso de cristal, este flujo sería el que paga ese vaso y, en definitiva, el que sustenta la mayor parte del consumo mundial que da sentido al capitalismo. Veamos por qué.

El capitalismo es un sistema económico que se sostiene en el equilibrio de dos motores interconectados: la producción u oferta y el consumo o demanda. Cualquier defecto en el funcionamiento de uno de ellos provoca un desajuste en el otro y, en consecuencia, una crisis en el propio sistema.

Dada la importancia del consumo en el funcionamiento del sistema, debemos analizar sus componentes para identificar aquellos que son realmente significativos en la demanda de productos.

Como consumir exige pagar, y pagar tener dinero, y el dinero, como hemos visto, sólo está en manos de tres poseedores (empresarios, trabajadores y Estados), es fácil deducir entonces que sólo existen tres tipos de consumos:

1. El consumo de los empresarios, que podemos diferenciar a su vez en dos:

    - El consumo empresarial derivado de la propia actividad productiva.
    - El consumo particular o personal de los empresarios.

2. El consumo de los trabajadores, que es único.

3. El consumo de los Estados que también es único.

Identificadas las tres variantes del consumo, analicemos ahora de forma un poco más extensa la relevancia de cada una de ellas en la demanda motriz del capitalismo.

1. El consumo de los empresarios.

    Veamos la importancia de cada uno de sus dos componentes.

    - El primero: el consumo empresarial productivo, es el que se genera internamente en todos los procesos de producción. Se materializa en el pago de costes que se generan en la producción pero no es el consumo del producto final, que es el que realmente le interesa al sistema capitalista. De nada sirve el consumo que genera la producción si lo producido no se vende.

        Se trata de un consumo intermedio necesario porque es el combustible que alimenta al motor número uno del sistema (la producción), pero que no forma parte del motor número dos (el consumo).

    - El segundo: el consumo particular de los empresarios, sí es un consumo final, sin embargo, es un consumo que sólo genera pequeños flujos entre empresarios, por sus compras mutuas, y entre empresarios y Estados, por el pago de impuestos indirectos que, además, muchos eluden tributándolo como consumo de sus empresas.

        Vemos entonces, que este tipo de consumo particular es

mayoritariamente un consumo interno dentro de la bolsa empresarial y que, por lo tanto, tampoco es importante en el consumo final porque no genera variaciones destacables en el tamaño de las bolsas.

Podemos en consecuencia concluir que el consumo de los empresarios tiene poca representatividad en el consumo motor del capitalismo.

Se trata en definitiva de un consumo que por sí mismo sólo produciría un proceso involutivo que conllevaría la derivación del sistema capitalista hacia un sistema de puro autoabastecimiento. En términos más simples sería un "yo me lo guiso, yo me lo como" que se llevaría muy mal con la dinámica de crecimiento continuado que necesita el capitalismo.

2. El consumo de los trabajadores.

Como hemos visto, éste es la base del flujo Trabajadores → Empresarios aunque, como es natural, también alimenta una parte de los ingresos de los Estados a través de los mencionados impuestos indirectos.

De manera aproximada, porque los impuestos indirectos son distintos según los países, sus gobiernos y el momento económico que se viva, podemos decir que del dinero que un trabajador gasta en consumo, un 20% va a incrementar la bolsa estatal y un 80% la bolsa empresarial.

3. El consumo de los Estados.

Se concreta en la compra de bienes y servicios realizada por cada Estado para sostener sus funciones y van desde la compra de lápices para los colegios públicos, hasta la construcción de puentes.

Sin duda es una parte importante de los consumos nacionales (configurados por los consumos públicos y los consumos privados), que es tanto más relevante cuanto más vinculación tenga el Estado en la vida socioeconómica de un país. Esto se entiende fácilmente si ponemos en comparación dos Estados como Finlandia y Nigeria, vemos que mientras que en el primero el consumo del Estado alcanza cotas muy altas (su gasto público supera la mitad de su PIB), en el segundo, este consumo se acerca más a la condición de simple anécdota.

De todas formas, cabe indicar que no debemos equiparar en todos los casos, gasto público con gasto social, ya que un Estado puede tener un gasto público alto, pero vinculado a usos no directamente sociales como, por ejemplo, el armamento militar.

Se constata fácilmente entonces que la importancia de los tres tipos de consumos identificados en el dinamismo el sistema capitalista guarda el siguiente orden descendente:

1º - El consumo de los trabajadores.
2º - El consumo de los Estados.
3º - El consumo de los empresarios.

Es decir, vemos finalmente que el flujo Trabajadores → Empresarios es el más importante para el sistema capitalista; es el que lo mueve y el que, en definitiva, le da sentido.

Reconocido este aspecto, y con la intención de completar el análisis de este flujo, me parece interesante saber cuál es su tendencia actual. Para ello tenemos que recurrir a un nuevo concepto: la propensión al consumo.

Los que tengamos o sobrepasemos los cuarenta y tantos tendremos mayor facilidad para entender lo que significa la propensión al consumo. Si echamos mano de la memoria y retrotraemos nuestras vidas unos quince o veinte años, todos podremos recordar unos extractos de cuentas corrientes o de apuntes en nuestras libretas de ahorro muy simples, donde casi todos los meses los movimientos se reducían a los cargos de los consumos básicos de electricidad, agua y teléfono (por cierto, sólo uno por familia), y a reintegros en efectivo. Un panorama seguramente muy distinto del de nuestros extractos actuales, plagados de domiciliaciones de cuotas, pagos diferidos o en efectivo de tarjetas de débito y crédito, transferencias, compras por internet, etc.

La dispersión de gastos que reflejan nuestras cuentas corrientes nos da una medida bastante real de la tendencia incremental de nuestros consumos. Nos hemos visto atraídos irremediablemente como toros por la muleta del torero, a nuevos consumos que hemos convertido en indispensables, y a una nueva forma de vida basada en la tenencia de cosas; cosas que, además, convertimos en obsoletas en muy poco tiempo.

Quizás hayamos sido atacados por el virus Apple que nos fuerza a "tener lo último desde el primer momento" como forma de alcanzar estatus social, o quizás, hayamos equiparado el tener cosas con ser felices, pero ahora no nos extenderemos en esta cuestión y nos quedaremos simplemente con la constatación de que nuestra propensión al consumo se ha disparado exponencialmente en los últimos años y esto, además de la reducción del ahorro privado, ha tenido como consecuencia el aumento del flujo Trabajadores →

Empresarios.

Cabe destacar, que en este incremento de los flujos trabajadores →
empresarios también ha tenido mucho que ver el aumento de los créditos
bancarios, pero este aspecto lo abordaremos más adelante con detenimiento.

Trabajadores → Estados.

Ya hemos comentado que los flujos entrantes de los Estados se producen en
forma de impuestos y que estos se dividen en dos tipos:

- Impuestos directos que gravan la renta de los individuos.
- Impuestos indirectos que gravan el consumo.

Es decir, todos debemos tributarle al Estado por lo que ingresamos y por lo que
gastamos.

En el anterior flujo vimos que los impuestos indirectos detraen una parte del
precio final de los productos y que todos afectan por igual al rico que al pobre,
pero ahora nos centraremos en el efecto conjunto de los dos impuestos sobre el
flujo Trabajadores → Estados.

Los impuestos directos gravan la renta o el dinero percibido por los trabajadores
y gradúan porcentualmente su cuantía atendiendo al nivel de ingresos de cada
contribuyente. Por esta razón es la forma de tributación más justa y con la que
se consigue que cada persona contribuya a las arcas públicas según su capacidad
y nivel de ingresos.

Ya hemos dicho en otro apartado que la presión con la que los Estados actúan
impositivamente sobre los trabajadores dista muchísimo de la que ejercen con
las empresas y, sobre todo, con las grandes empresas. Con ellas los Estados
tienden a tener una consideración especial, mostrándose extremadamente
cuidadosos cuando legislan sobre la tributación que les afecta.

Por alguna extraña circunstancia los beneficios empresariales se han convertido
en una especie de coto restringido donde se prefiere actuar impositivamente de
una manera que podríamos calificar, cuando menos, de delicada.

Dado que las dos fuentes de ingresos de los Estados son los empresarios y los
trabajadores, reducirles los impuestos a unos tiene que llevar aparejado
subírselos a los otros para mantener el equilibrio recaudatorio, y eso es
precisamente lo que ocurre. En la actualidad la gran mayoría de los Estados
cuando intentan resolver sus problemas presupuestarios nunca recurren al

incremento de los impuestos que gravan a las empresas y sus beneficios, sino que, muy al contrario, centran sus soluciones en los impuestos directos e indirectos que afectan a los trabajadores (en España IRPF e IVA).

Nos encontramos con una extraña situación en la que los mismos Estados que tratan con enorme delicadeza al gran empresario, no dudan en convertir al trabajador en la Cenicienta del sistema tributario, centrando en él todas sus acciones recaudatorias. Llegamos de esta manera a la contradictoria circunstancia de que las medidas estatales encaminadas a incrementar los ingresos públicos están dejando de lado a aquellos que más tienen, para centrarse fundamentalmente en los que menos tienen.

Conocida la actual predilección recaudatoria de los Estados por los trabajadores, si queremos saber cuál es la tendencia en el tamaño de la bolsa de los primeros, hemos de ver necesariamente qué tendencia de ingresos tienen los impuestos directos e indirectos aplicados a esos trabajadores.

Comenzaremos por los impuestos directos, pero para eso debemos analizar primero tres factores que condicionan su recaudación:

1. La disminución de los salarios.

   Este es el factor que incide más directamente en la recaudación porque es el que determina la renta sobre la que actúan los impuestos directos. Es fácil entender que si los salarios disminuyen, los impuestos ligados a estos también lo harán, llevando con ello la recaudación general a una vía muerta de ingresos.

2. La economía sumergida.

   Una parte importante de las retribuciones por trabajo se realizan en dinero negro dentro de la denominada economía sumergida y, por lo tanto, fuera de cualquier tipo de tributación directa. Es un problema estructural ligado a la ética empresarial y ciudadana que muchos gobiernos intentan paliar aplicando medidas que lo único que consiguen es disminuir todavía más los ingresos estatales. Algunas mentes especialmente iluminadas pretenden encontrar la solución reduciendo los impuestos y las cotizaciones sociales a las empresas, con la justificación de que de esa forma se consigue que éstas encuentren menos atractivo el fraude. Más leña al mismo fuego con nuevos argumentos para reducir todavía más la tributación empresarial general. La relación directa entre presión fiscal y economía sumergida es una falsedad, y así lo demuestra el hecho de muchos países con elevadas tasas impositivas se encuentren entre los que menos economía sumergida tienen.

Existe además, una relación directa entre el paro y la economía sumergida laboral, ya que cuanto mayores son los índices de desempleo más predisposición tienen los trabajadores a aceptar trabajos en las condiciones que quieran imponer los empresarios.

En las crisis los empresarios encuentran un caldo de cultivo perfecto para someter al trabajador al imperio de su voluntad y de esa manera conseguir, por ejemplo, eludir pagos a la seguridad social o librarse de hacer efectivos los salarios pactados en los convenios colectivos.

De todas formas, creo que la economía sumergida en todas sus acepciones tributarias (laboral, financiera o productiva), es un problema asociado a la educación social de cada país y a los índices de tolerancia ciudadana a la corrupción, que se ve agravado, como hemos visto, cuando se produce en entornos económicos deprimidos por las crisis y el paro. Por estas razones no entiendo más soluciones para ella que la educación, la concienciación ciudadana y, sobre todo, el control real y efectivo de los gobiernos estatales fundamentado en el incremento, tanto de los medios tecnológicos y humanos (inspectores laborales y fiscales), como de las sanciones coercitivas que ayuden a castigar y corregir estas actividades. Se tratarían, en definitiva, de medidas de concienciación, control y sanción.

3. La interrupción de la progresividad de los tipos impositivos.

   Los Estados con gobiernos neoliberales tienden a negarse a incrementar los tipos impositivos sobre las rentas más altas, dejando la tributación para el que tiene una renta anual de un millón al mismo tipo de gravamen que el que tiene diez veces menos. Es decir, fijan un tope en un determinado volumen de renta y todas las que lo superen tributan al mismo tipo.

   Como podemos suponer, esto también reduce la capacidad recaudatoria de los impuestos directos porque limita su acción progresiva a los niveles más bajos de rentas.

Vemos por lo tanto, que los tres factores analizados contribuyen a que los ingresos estatales por la tributación directa sean cada vez más bajos, lo que está condicionando negativamente su posición como instrumento recaudatorio y, sobre todo, su posición como instrumento de equilibrio social, ya que se trata de los impuestos económicamente más justos y válidos para llevar a cabo una correcta redistribución de la riqueza.

Comprobado hasta el momento que tanto los impuestos que actúan sobre los beneficios empresariales, como los que lo hacen sobre las rentas de los ciudadanos tienen cada vez menor capacidad para financiar a los Estados, a estos sólo les queda la alternativa de recurrir a los impuestos indirectos.

Esta circunstancia podemos observarla con bastante habitualidad cada vez que nos acercamos a las noticias sobre las soluciones gubernamentales a los desequilibrios presupuestarios. El incremento del IVA es el recurso que nos estamos acostumbrando a aceptar como instrumento recaudatorio para solventar los déficits en las cuentas estatales.

Situándonos en el caso de España, nuestro ejemplo más directo, recordaremos como hemos visto incrementar este impuesto en su tipo general desde el 12% del año 1986 hasta el 21% actual y como productos de primera necesidad (pan, fruta, verduras, leche, huevos, medicamentos, etc.) que en el año 86 tenían un tipo del 0% ahora los pagamos con un 4% de recargo. Esta situación no es exclusiva de nuestro país, se da en el resto de naciones de nuestro entorno y en todos con la misma finalidad de sustituir o complementar la reducción de ingresos del resto de impuestos.

El consumo se convierte así en la base de los ingresos de otro de los poseedores del dinero: los Estados, haciendo recaer sobre él la carga de las nuevas financiaciones estatales.

Esta tendencia recaudatoria de los Estados orientada hacia el incremento de los impuestos sobre el consumo tiene, como adelantamos, el efecto negativo adicional de contribuir a aumentar los desequilibrios sociales. La causa de esto es que los impuestos indirectos son ineficientes como instrumentos redistribuidores de riqueza. Los impuestos directos (sobre rentas y beneficios) tienen un carácter equilibrador de la riqueza ya que obligan a contribuir al desarrollo social a aquellos que más tienen: las empresas y los individuos con rentas económicas más altas, mientras que los indirectos afectan a ricos y pobres por igual, con la diferencia de que al pobre pagarlos siempre le supondrá un mayor esfuerzo que al rico.

De todas formas, con o sin el efecto descrito en el párrafo anterior, si los ingresos estatales se centran en la actuación impositiva sobre los trabajadores y no sobre los beneficios empresariales, la consecuencia inmediata será que la bolsa de dinero de los Estados, sea cual sea la modalidad impositiva dominante (directa o indirecta), se reducirá siguiendo la misma tendencia que la bolsa de los trabajadores.

En aras de evitar los desequilibrios presupuestarios futuros de los Estados y sus endeudamientos recurrentes, sería aconsejable que éstos se olvidaran de ligar sus ingresos a los ingresos de los trabajadores.

En todo caso, como nuestro propósito en este momento es ver la tendencia actual de los flujos y no sus consecuencias a medio y largo plazo, concluiremos con la constatación de que la mayor presión impositiva de los Estados sobre los trabajadores está provocando un descenso de su bolsa de dinero.

Estados → Trabajadores.

Este flujo tiene tres partes diferenciadas que debemos analizar para entender las repercusiones de cada una en la variación total del tamaño de las bolsas de dinero de ambos agentes económicos. Los dos primeros están asociados a la función social del Estado y el tercero a su función gestora de recursos. Veamos cada uno de estos flujos:

1. Flujos directos de acción social.

   El Estado es, o por lo menos debería ser, el responsable de dotar a la sociedad y a sus individuos de todo aquello que la iniciativa privada no cubre con suficiencia[4]. Le corresponde, como ente redistribuidor de la riqueza, garantizarle al ciudadano la cobertura de aquellas necesidades que por sí mismo no puede cubrir adecuadamente por su condición económica y social, proporcionándole los bienes y servicios suficientes para una supervivencia digna.

   En ejecución de estas funciones, el Estado materializa su flujo hacia los trabajadores en forma de pago de bienes como, por ejemplo, los medicamentos, y de servicios como, la asistencia de los médicos que recetan esos medicamentos, además de con otros instrumentos directos de flujo como las ayudas al desempleo o las pensiones.

[4] Debo advertir que éste no es el concepto de Estado con el que estarán de acuerdo la mayoría de los seguidores de las teorías económicas liberales, defensores de una sociedad donde el Estado desaparece casi por completo y todas sus funciones se le entregan a la iniciativa privada soberana para que sea ella la que gestione las necesidades de todos los individuos de forma eficiente, naturalmente tras el pago del correspondiente precio. La educación sería mejor, la sanidad más eficaz, la seguridad pública total y hasta las carreteras lucirían sin baches ni curvas pero, eso sí, sólo para aquellos que pudieran pagarlas.

Tampoco estarán de acuerdo los partidarios del neoliberalismo que, más moderados en su discurso como corresponde a su prefijo "neo-" (que siempre suele asociarse a la modernización de algo, pero en este caso sólo significa más de los mismo), no hacen desaparecer a los Estados pero relegan sus funciones a la de meros proveedores sociales de aquellos servicios que económicamente no sean rentables para el sector privado empresarial.

Cuanto más social sea un Estado mayor será este flujo porque le estará dando a sus ciudadanos una mayor y mejor cobertura de necesidades. Así, nos encontraremos con Estados muy presentes en la vida de sus ciudadanos como los escandinavos, y otros de escasa vinculación como la mayoría de los países del tercer mundo o EE.UU que, aunque tiene un gran presupuesto, dedica una parte relativamente pequeña de él a la atención de las necesidades más directas de la población.

De todas formas, con independencia del carácter social de cada Estado, la mayoría tienden a reducir estos gastos porque es en ellos en donde se suelen centrar las soluciones del déficit público.

Los problemas de desajustes presupuestarios acostumbran a resolverse, además de por la vía del aumento de la tributación sobre los trabajadores que ya hemos visto, por la reducción de los gastos sociales, en un ataque directo al estado del bienestar. La consecuencia directa de esta práctica, naturalmente, es un descenso en los flujos Estados → Trabajadores.

2. Flujos indirectos de acción social.

   Este apartado engloba toda la cobertura que realizan los Estados de las necesidades sociales que no inciden directamente sobre individuos concretos sino sobre el conjunto social. Dentro de él podemos señalar como ejemplos: la construcción y mantenimiento de infraestructuras, la adquisición de armamento para las defensas nacionales, el sostenimiento material de las instituciones públicas, etc., todos ellos actúan dentro del ámbito de la configuración del entorno territorial y social en el que desarrollan su existencia los ciudadanos.

   Todos participamos indirectamente de estos flujos que, aunque no los percibamos personalmente como los del apartado anterior, influyen de manera significativa en nuestra calidad de vida (aunque unos más que otros).

   La representatividad de este tipo de gasto público depende del momento económico de cada país y de la orientación política y organizativa de cada gobierno. Así, por ejemplo, algunos pueden decidir incrementar los gastos en infraestructuras para situar al país en una mejor situación de desarrollo social y empresarial y otros, por el contrario, pueden optar por reducir los gastos precisamente en este concepto para dedicarlos a la defensa nacional.

   Por esta razón podemos calificar la tendencia de este flujo como neutra dentro de la relación Estados-trabajadores. Su arbitrariedad imposibilita la identificación de una línea de acción generalizada.

3. Flujos por pagos a los empleados públicos.

Para realizar sus funciones los Estados necesitan tener trabajadores propios, lo que supone un flujo directo Estado → Trabajadores fácil de cuantificar porque es una de las partidas concretas de sus Presupuestos Generales. Se trata de un flujo que se produce por la vía de sueldos como los de cualquier empresa privada pero que suelen tener un carácter más estable que éstos por estar sometidos a mayor y mejor regulación. Son sueldos fijados reglamentariamente según escalas concretas y que, por lo tanto, no están sometidos a la arbitrariedad empresarial.

Pese a la estabilidad de estos empleos y salarios o, quizás por culpa de ella, la gran mayoría de los Estados están intentando reducirlos mediante la aplicación de medidas copiadas del sector privado, al que además siempre se procura favorecer. Veamos tres de estas medidas de especial representatividad:

- La privatización de los servicios públicos.

  La subcontratación de trabajos forma parte de una tendencia cada vez más habitual en todo el sector productivo privado que está teniendo un importante calado en la esfera pública. Se trata de la contratación del trabajo necesario para proveer a los ciudadanos de determinados servicios de responsabilidad estatal mediante empresas externas especializadas.

  Los gobiernos neoliberales, en su constante intento de reducción del intervencionismo estatal en la economía, encuentran en el empleo público un importante caballo de batalla. La derivación del sector estatal hacia el sector empresarial tiene su mejor herramienta en la privatización de los servicios públicos. Miles de millones de euros dejan de ser gestionados por las administraciones públicas y pasan a manos del sector privado empresarial. Esto implica que el dinero que habitualmente distribuían los Estados directamente entre los trabajadores públicos por la realización y cobertura de los servicios, ahora se reparte entre los empresarios y los trabajadores privados. Es decir, se transforman salarios dignos en salarios precarios para dar cabida en el proceso al beneficio empresarial. Lo que antes era de los trabajadores, ahora es de los empresarios y de otros trabajadores con sueldos más bajos y condiciones laborales mucho más precarias.

Los Estados se convierten en estas circunstancias en agentes comerciales de los empresarios, facilitándoles negocios seguros con clientes fijos y pagos garantizados.

Se constata entonces que la privatización de los servicios públicos no es realmente un medio para conseguir la gestión eficiente de un Estado (argumento utilizado habitualmente para justificar su uso), sino un propósito ideológico de los gobiernos neoliberales que, además, se convierte con demasiada frecuencia en el origen de una buena parte de la corrupción política y burocrática de nuestros países.

Naturalmente la introducción del sector privado en este ámbito de la actividad económica conlleva una reducción en la bolsa general de los trabajadores en favor de la de los empresarios o, lo que es lo mismo, una derivación de los flujos tradicionales de los primeros hacia los segundos.

- Reducciones salariales de los empleos públicos.

Las crisis económicas son aprovechadas por los Estados neoliberales para acogerse a medidas que reducen paulatinamente los sueldos de los empleados públicos.

Ya sea por la fijación reglamentaria de incrementos salariales anuales por debajo de los índices de precios, por la utilización de contratos laborales precarios para los empleos temporales, o por la práctica de recursos contractuales propios del sector privado, la tendencia general de las administraciones públicas es la reducción de las partidas de gastos por sueldos.

- Reducción de las contrataciones.

El funcionamiento de muchos servicios públicos está sufriendo una importante pérdida de calidad deriva de la negativa de las administraciones púbicas a la contratación del personal necesario para su correcta cobertura.

Las necesidades de personal se hacen tanto más significativas cuanto más básico es el servicio que se atiende. Así, aunque los recortes de personal son generalizados, servicios como la sanidad, la educación o la justicia se ven extrañamente más afectados que otros menos relevantes. Se da la circunstancia de que estos servicios pueden ser adquiridos también en el sector privado, por lo cual entran directamente en competencia con ellos. Cualquier merma en la calidad de esos servicios públicos favorece al sector empresarial que los ofrece porque el usuario, en la medida de sus posibilidades económicas, decidirá la contratación de fórmulas privadas que le ofrezcan más garantías y prestaciones. Incidiremos más adelante en este asunto, pero por el momento sólo lo consideraremos como una causa añadida de la pérdida de ingresos en la bolsa de los trabajadores públicos.

De forma general constatamos que, a excepción del apartado de flujos indirectos de acción social, los otros dos flujos en todos sus componentes tienden a reducir el flujo general Estados → Trabajadores. Tanto los flujos directos hacia los ciudadanos como los flujos hacia los empleados públicos, están siendo mermados en un proceso que responde al abandono de las políticas del bienestar y el acomodo de los Estados a los preceptos marcados por unos planteamientos liberales de la economía orientados a favorecer la iniciativa privada frente a la pública.

Estados → Empresarios.

Los empresarios y sus empresas, como parte de la sociedad en la que los Estados desarrollan sus acciones, son beneficiarios de éstas. Como ya vimos, la misma carretera que utiliza el trabajador la utiliza el empresario y su empresa.

El empresario participa de los flujos indirectos del Estado hacia sus ciudadanos pero también recibe de dos formas directas estos flujos: mediante subvenciones y mediante contratos públicos.

1. Subvenciones.

   Al igual que los trabajadores reciben ayudas directas del Estado, los empresarios también pueden recibirlas en forma de subvenciones por distintos conceptos: iniciar una actividad empresarial, acometer nuevas inversiones, contratación de personal, fomentar determinadas acciones por parte de las empresas, etc. Todas estas subvenciones representan flujos hacia las empresas condicionadas tan sólo al cumplimiento del fin para el que se conceden.

   Es un flujo de cuantía indeterminada ya que depende de las políticas emprendidas por cada Estado para fines de activación empresarial.

   Pueden ser de carácter general y ofrecerse a amplio grupo de empresas o a sectores completos para obtener un fin económico global, o pueden concederse a empresas concretas para fines particulares, y es precisamente en este tipo en donde se esconden las situaciones más irregulares. Se trata de una forma de flujos directos que en muchas ocasiones están ligados a la fortaleza social de grandes empresas que monopolizan la actividad económica de amplias zonas geográficas y que condicionan su actividad a la obtención de las mencionadas subvenciones estatales u otras prebendas de funcionamiento. Su representatividad laboral, social y económica es tal para el territorio en el que se emplazan que tienen el poder suficiente para, digamos así, chantajear a las administraciones públicas.

2. Contratación pública.

Éste sí que constituye un flujo bien definido y de relevancia para la actividad empresarial. Es la forma en la que se materializa una gran parte del gasto público, ya que todo aquello que un Estado debe aportarle a sus ciudadanos en cuanto a transferencias de bienes y servicios, puede realizarlo de dos maneras: por medios propios, o por contratación externa, teniendo está segunda múltiples formas de manifestación (contratos de obras, contratos de servicios y suministros con pagos directos, contratos de concesiones de obras y servicios con pagos por concesiones de explotación, etc.).

Ya vimos en el anterior flujo que la creciente preferencia de los Estados por la privatización de lo público está provocando un incremento considerable de este tipo de contrataciones y con ellas un notorio aumento del flujo Estados → Empresarios.

La distribución de la riqueza.

Realizada la vertebración de los flujos que se producen entre las tres bolsas de dinero de la economía, debemos recapitular lo que hemos visto sobre todos los movimientos y analizar su resultado global en la tendencia del tamaño de dichas bolsas. Recordemos.

- Empresarios → Trabajadores.   →   Disminuye
- Empresarios → Estados.   →   Disminuye
- Trabajadores → Empresarios.   →   Aumenta
- Trabajadores → Estados.   →   Aumenta
- Estados → Trabajadores.   →   Disminuye
- Estados → Empresarios.   →   Aumenta

En el siguiente dibujo podemos ver de forma más gráfica todos estos efectos.

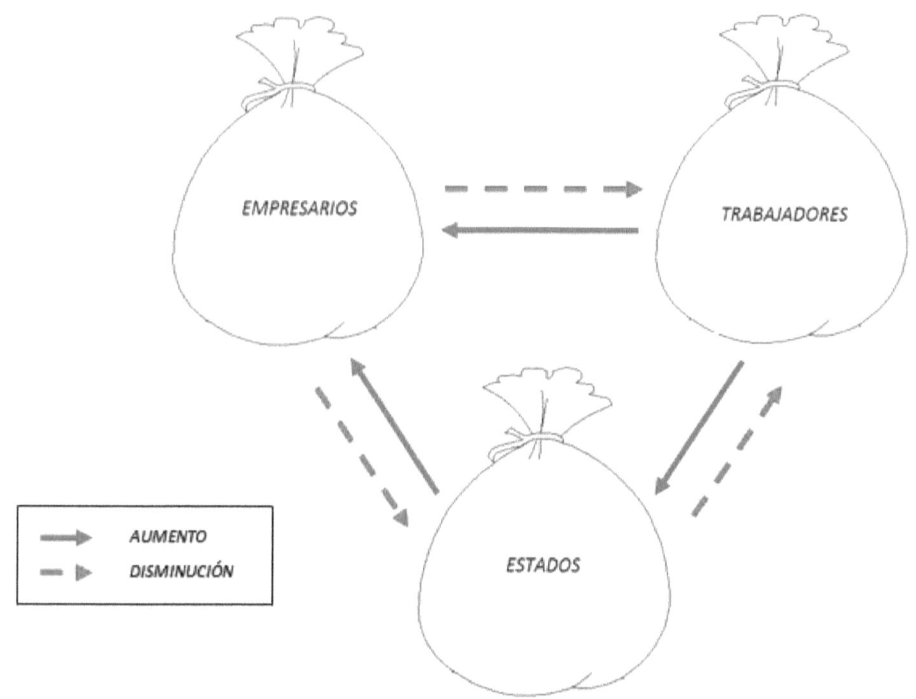

Cada uno de estos flujos lleva realmente implícito dos efectos, uno por cada uno de sus componentes. Para entender esto de forma fácil veamos simplemente el primer flujo de la lista: Empresarios → Trabajadores.

Que este flujo disminuya quiere decir que los trabajadores están sufriendo un proceso de disminución de sus ingresos por trabajo, sin embargo, este hecho para los empresarios tiene un efecto contrario y positivo, ya que lo que se está produciendo es una menor salida de dinero de su bolsa. Los trabajadores ven reducidos sus ingresos y los empresarios sus gastos, es decir, lo que favorece a uno, siempre beneficia al otro y viceversa, y esto sucede en todos los flujos analizados.

Todas las bolsas se ven afectadas por lo tanto, por cuatro movimientos o flujos: dos de entrada y dos de salida. Cada una experimenta las entradas de los flujos de las otras dos y, a la vez, las salidas de otros dos flujos hacia estas.

Veamos que sucede entonces en cada una de las bolsas:

- **La bolsa de los empresarios.**

Sus dos flujos de entrada aumentan y, por el contrario, sus dos flujos de salida disminuyen, lo que quiere decir que todos los flujos son positivos para ella.

Podemos asegurar por lo tanto, que la bolsa de dinero de los empresarios en la actualidad está aumentando exponencialmente su tamaño.

- **La bolsa de los trabajadores.**

Los flujos de los trabajadores por el contrario son negativos en los cuatro casos ya que los dos entrantes disminuyen y los dos salientes aumentan.

En consecuencia vemos que la bolsa de dinero de los trabajadores a diferencia de la de los empresarios, está disminuyendo aceleradamente de tamaño.

- **La bolsa de los Estados.**

Aumenta uno de sus flujos entrantes (el de los trabajadores) y disminuye el otro (el de los empresarios) y en los salientes ocurre lo mismo, por lo que a priori sólo podríamos decir que la acción de sus flujos es neutra ya que, como no hemos alcanzado a cuantificar cada uno de estos movimientos cabría pensar que sus efectos se contrarrestan, manteniendo así estable el tamaño global de esta bolsa.

Sin embargo, ya vimos que la preferencia actual de los Estados es ligar sus ingresos mayoritariamente a la bolsa de los trabajadores y este matrimonio une peligrosamente el destino de los dos.

Si como constatamos en el punto anterior, la bolsa de los trabajadores tiende a disminuir aceleradamente entonces, la bolsa de los Estados seguirá su mismo camino y realmente lo que pasará con ella en el futuro es que cada vez se hará más pequeña.

En definitiva, después de todas estas páginas de argumentaciones, lo que comprobamos es simplemente la veracidad de una voz que está en la calle y que se reduce a que: los ricos son cada vez más ricos y los pobres cada vez más pobres, y nadie hace nada para remediarlo.

Los Estados, los únicos agentes capaces de frenar los desequilibrios en la distribución de riqueza, se están poniendo a las órdenes del capital y lejos de actuar ayudando a los más desfavorecidos, contribuyen a que los más favorecidos incrementen su poder económico y social.

CAPÍTULO II

PASADO Y PRESENTE

La coexistencia hasta finales del siglo pasado de los mundos capitalistas y comunistas tuvo, como uno de sus efectos más notorios, la conocida guerra fría armamentística entre la URSS y los EE.UU y, como consecuencia de ella, un miedo permanente de la población mundial al cataclismo atómico. Sin embargo, si bien es cierto que fueron décadas en las que vivimos con el constante temor de que algún loco ruso o americano pudiera apretar el botón nuclear y ponerle fin al mundo, no es menos cierto que fueron también las décadas donde los ciudadanos del bloque capitalista conseguimos los mayores logros sociales de toda nuestra historia.

Muchos opinan que fue la reconstrucción de Europa tras la Segunda Guerra mundial con la ayuda financiera de Estados Unidos, la que permitió el fortalecimiento de todos los Estados democráticos occidentales, y estos, a su vez, los que propiciaron los grandes avances socioeconómicos que se produjeron en aquellas décadas. Sin embargo, aunque no niego esta explicación, creo que esos avances sociales se consiguieron realmente gracias a las concesiones realizadas por el mundo empresarial al mundo trabajador. Creo que fue el consentimiento empresarial para el reparto de la riqueza el que permitió el crecimiento de unas clases medias que lograron alcanzar en esas décadas su época más dorada.

Los trabajadores vivimos ese periodo de la historia con el temor a la guerra atómica sustentado por el goteo periódico de noticias sobre incidentes entre las dos potencias militares. Sin embargo, el miedo del mundo empresarial fue otro bien distinto al del resto de la población. Su autentico temor era que la clase trabajadora, es decir, la base de la población de los países capitalistas al oeste del telón de acero, renegara de ese capitalismo en favor de la ideología comunista.

La verdadera guerra fría no fue la de las armas, sino la que se libró entre los dos bloques económicos para defender sus posturas ideológicas y ganar una contienda que debería definir el futuro social y económico del planeta.

Aunque resulte jocoso, realmente fue una lucha por la clientela. Algo parecido a dos restaurantes en aceras distintas de la misma calle peleando por no perder a sus clientes y a la vez, por quitarle los suyos a la competencia. Por eso es fácil entender que, tratándose en definitiva de una guerra comercial, el bando capitalista llevara todas las de ganar.

Uno de los factores fundamentales en esta guerra fue la propaganda o publicidad que cada una de las ideologías intentó difundir tanto en su territorio como en el del otro. Naturalmente se trataba de mensajes cruzados donde se demonizaba todo lo que existía en el otro lado y se loaba todo lo que había en el de cada uno.

La propaganda recurre sin pudor a la mentira cuantas veces sea necesario como medio para convencer tanto de forma positiva ("compra mi producto que es el mejor"), como negativa ("mira que malo es el producto de la competencia"), sin embargo, también necesita algo de verdad para que el mensaje se mantenga creíble en el tiempo.

Mi memoria sobre asuntos sociales y políticos nace a principios de los años ochenta y pese a ello, recuerdo que la imagen que se transmitía en aquel momento sobre la URSS era la misma que la de los tiempos brutales del estalinismo. A pesar de las décadas que separaban ambos momentos, Rusia seguía siendo un estado gobernado por tiranos en el que la población vivía hacinada en comunas haciendo colas para acceder a los alimentos y servicios básicos, y donde la gente continuaba siendo condenada a trabajos forzados en los Gulags siberianos por cualquier motivo. Naturalmente, sin negar la parte de verdad histórica que dichas afirmaciones pudieran tener, era la imagen que a mi mundo capitalista le convenía que yo tuviera sobre lo que había al otro lado del telón; poco más que frío y miseria. Sin embargo, en ese otro lado también había un sistema que había conseguido logros económicos y sociales mucho antes de que nuestros padres soñaran con ellos. Valga como ejemplo que el mismo año en el que en España un aspirante a dictador iniciaba su carrera llevando al país a una guerra civil, en la URSS se promulgaba una Constitución Nacional que creaba lo que podría definirse como la primera seguridad social de la historia. A título anecdótico cabe destacar también que esa Constitución, en su artículo 119 garantizaba *"el derecho al descanso, la jornada laboral de siete horas para los obreros y empleados y su reducción a seis horas para las profesiones cuyas condiciones de trabajo fueran difíciles"*, en el artículo 120 se reconocía el *"derecho a la asistencia económica en la vejez, así como en caso de enfermedad y de pérdida de la capacidad de trabajo"* y en el 122, a la mujer se le atribuían *"iguales derechos que el hombre en todos los dominios de la vida económica, pública, cultural, social y política"*.

El capitalismo no podía quedarse cruzado de brazos frente a un sistema económico que, pese a ser dirigido durante mucho tiempo por líderes y burócratas deplorables, había logrado erradicar el hambre y la desolación de una nación que salió arruinada de la Segunda Guerra Mundial y castigada con más de 20 millones de muertos, y que, sin el apoyo de ningún otro país (como fue el caso de Europa con Estados Unidos), conseguía convertirse en pocos años en una gran potencia mundial.

Estos logros sociales y económicos del comunismo de la URSS consiguieron calar políticamente en muchos países y, lo que era peor para el capitalismo, en numerosos sectores de trabajadores de la Europa occidental. En aquellos momentos nacieron los primeros partidos comunistas europeos con una clara afinidad con el modelo soviético y con una naturaleza reivindicativa de un sistema colectivo de la propiedad de los medios de producción[5].

Quedaba claro que el mundo no estaba yendo exactamente por donde necesitaba llevarlo el capitalismo, y por esa razón se hizo urgente frenar el crecimiento comunista con algo más que simple propaganda.

El capitalismo necesitaba ofrecer algo dentro de sus fronteras que convenciera a sus ciudadanos y, a la vez, sirviera de vistoso escaparate hacia el resto del mundo, y ese algo fue un nuevo y mejorado estilo de vida que, aunque con diferencias en sus formas entre Estados Unidos y Europa, se materializó siempre en la potenciación de las clases medias, dejando que éstas accedieran a unas cotas de bienestar nunca alcanzadas.

Una sociedad no es más que el conjunto de los individuos que la componen, por lo que, aunque en muchas ocasiones se tiende a desvincular a la primera de los segundos como si fueran entes distintos, no se pueden comprender conceptos como el bienestar o el malestar social sin entender que éstos sólo tienen explicación en la satisfacción o la insatisfacción de los individuos, y que éstas, a su vez, por la propia naturaleza humana, dependen de que ese individuo no se sienta en inferioridad de condiciones frente a otros. Y ese fue precisamente el efecto que tuvo la prosperidad de las clases medias occidentales frente al estancamiento del nivel de vida de los países comunistas.

---

[5] *Me permito aclarar que en ningún momento pretendo hacer una defensa del comunismo soviético ya que particularmente siempre lo he considerado un sistema excesivamente castrante de la sociedad y del individuo. Con lo expuesto sólo intento poner de manifiesto que el comunismo, a pesar de sus numerosas sombras, también tuvo luces que atrajeron a muchos pueblos y sectores de población.*

Todos anhelamos lo mejor, y lo mejor para la mayoría de las personas que vivían en esos países comunistas, estaba al otro lado del muro.

Estoy convencido de que el auge de la clase media fue la auténtica arma con la que el capitalismo derrotó al comunismo. El impacto que el estilo de vida de la clase media capitalista tuvo en el mundo soviético, desestabilizó primero, y finalmente destruyó un sistema político-económico que, pese a algunos intentos reformistas como el de Mikhail Gorbachev y su Perestroika, fue incapaz de ofrecerles a sus ciudadanos un modelo social tan atractivo como el capitalista.

Sin embargo, las armas, sean físicas o ideológicas, siempre llevan aparejado un coste que debe asumir el que las necesita, y en este caso el capitalismo no iba a ser la excepción de la regla.

La potenciación de las clases medias exigió que el capitalismo consintiera que la redistribución de la riqueza fuera mucho más allá de lo que lo hubiera permitido si no hubiera tenido enfrente la amenaza ideológica del comunismo porque no está en su naturaleza perder beneficios, y mucho menos cederlos.

Este coste pagado por el capitalismo permitió que los sindicatos consiguieran cimas en los derechos laborales incluso bajo regímenes dictatoriales como el español; que los trabajadores incrementaran sus rentas personales; y que la prosperidad económica fortaleciera a unos Estados que canalizaron sus excedentes sobre la sociedad, contribuyendo a potenciar el bienestar general y la defensa de sus ciudadanos mediante el refuerzo de los derechos sociales.

En definitiva, las tres bolsas del dinero de las que hablamos en el capítulo anterior modificaron sus tamaños e incrementaron sus flujos desde la bolsa empresarial hacia la bolsa de los trabajadores y la de los Estados, logrando conseguir así un equilibrio coherente entre las tres.

Pero cae el muro de Berlín, la Perestroika de la URSS se diluye y la propia URSS desaparece con ella mientras el otro centro mundial del comunismo: China, se convierte en poco tiempo en el paradigma capitalista que consuma la paradoja del sistema.

El capitalismo ya era libre de moverse por todo el mundo sin obstáculos ideológicos que lo frenaran, a excepción de los comentados reductos comunistas dictatoriales que todavía persisten en Asia y Sudamérica.

El mundo empresarial ya no tenía por qué seguir pagando el peaje de la redistribución de la riqueza. Ese gasto había tenido su buen uso al cumplir con creces su finalidad, pero ya no era necesario.

Era el momento de centrar los esfuerzos en extender el mensaje capitalista por todo el mundo, evangelizando a la mayor parte posible de la población mundial con la nueva doctrina salvadora: La Globalización.

Por lo tanto, para seguir avanzando en la comprensión de lo sucedido necesitamos saber qué es la globalización, y para eso, tenemos que retomar los conceptos de producción y consumo que habíamos visto, y que, recordemos, eran los dos motores del capitalismo.

Como sabemos, el capitalismo centra su dinámica en producir para poder consumir, y en consumir para poder producir, cerrando de esa manera un ciclo perpetuo de oferta y demanda que requiere, eso sí, del equilibrio constante de las dos partes para no provocar la ruptura del sistema y, a la vez, permitir el crecimiento involutivo del mismo. Así, cuando deseamos incrementar una producción, obligatoriamente debemos acompañarla de las ideas y medidas necesarias para incrementar su consumo y, al revés, cuando deseamos consumir más, obligatoriamente debemos crear los medios suficientes para incrementar la producción. Y esto es precisamente lo que hizo el capitalismo para iniciar su expansión: poner en práctica medidas para elevar el consumo, a la vez que se procuraba los medios necesarios para producir todo lo que se requiriera y al menor coste posible.

Desde esta perspectiva, podríamos definir la globalización como el recurso ideado por el capitalismo para expandir el consumo mundial y conseguir los medios necesarios para abastecerlo al menor coste posible.

Vuelven a aparecer las dos mismas variables de siempre: consumo y producción, pero ahora necesitamos verlas desde un contexto diferente, el de su expansión, y para ello empezaremos por la que más depende de los trabajadores: el consumo, pero la asistiremos rápidamente con su hermana: la producción.

Recordemos que consumir necesita dinero, y éste necesita salir de algún lado. Naturalmente, como hemos dicho, el dinero ya no debía obtenerse del proceso de distribución de la riqueza como en el anterior periodo económico porque el comunismo ya no era una amenaza y no era necesario pagar el peaje de la lucha social contra él, es decir, el dinero ya no tenía que salir de la bolsa de los empresarios en forma de salarios e impuestos, ahora debía salir de otro lugar, y el lugar elegido fue el crédito.

Los créditos llenaron de dinero las manos de los trabajadores, que como sabemos son la base del consumo capitalista, por lo que ya no era necesario que ese dinero para el consumo llegara por la vía de su trabajo, es decir, no era necesario que saliera de todos los empresarios, sino sólo de aquellos cuyo negocio y actividad era precisamente prestar dinero. Me refiero obviamente a los bancos.

La bolsa de los trabajadores se llenó artificialmente con dinero procedente del mundo empresarial, pero no por su vía natural, las retribuciones por su trabajo, sino por la vía artificial del crédito. Los bancos pusieron un gran volumen de dinero a disposición de los trabajadores, consiguiendo el doble efecto de incrementar su producción (prestar dinero) y, a la vez, incrementar la producción del resto del los empresarios gracias al destino final de ese dinero: el consumo.

La facilidad del "compra y ya pagarás" la hemos vivido todos en algún momento de nuestro pasado ya sea en nuestra propia piel o en la de algún conocido. Yo he sido testigo de la felicidad de muchas familias saliendo de su sucursal bancaria como si les hubiera tocado el cupón de la ONCE, invadidos por la falsa ilusión de sentirse ricos por unos días.

El dinero, gracias a estos créditos, ya estaba en la economía para ser gastado, por lo que los empresarios demandaron entonces de los mismos bancos que los trabajadores los recursos financieros para llevar a cabo las inversiones necesarias para satisfacer ese consumo en ciernes. Los bancos volvieron a sumarse a la fiesta pero entrando ahora por una puerta distinta, la del crédito empresarial.

Todo hubiera ido bien si todas esas inversiones necesarias para las nuevas producciones se hubieran materializado en los lugares en donde éstas iban a consumirse, pero no fue así, y la mayoría de ellas se realizaron en países donde no estaba previsto que se consumiera nada de lo producido.

Todos los empresarios, sepan mucho o poco de matemáticas, conocen la fórmula básica del beneficio:

BENEFICIO = INGRESOS − COSTES

De la que deduce fácilmente que a mayores ingresos y menores costes, mayores beneficios.

Los ingresos los tenían garantizados en los países en donde los trabajadores nos endeudábamos para consumir, entonces, ¿por qué producir en esos mismos países de altos costes salariales y elevadas exigencias en materia de derechos laborales?

Hasta finales del siglo pasado las dos llaves que cerraron las puertas del libre comercio fueron el comunismo y los Estados con políticas arancelarias proteccionistas.

Estas políticas se basaban en una actuación impositiva que gravaba el tránsito fronterizo de las mercancías lo que, a la vez tener un efecto recaudador para el Estado que las practicaba, generaban otros tres efectos sobre la producción del país:

- Favorecían las producciones nacionales mediante el encarecimiento de los productos importados.

    El consumo se dirigía preferentemente hacia los productos fabricados dentro de cada país porque comprar lo que venía de fuera suponía un sobreprecio que lo acercaba, en la mayoría de los casos, al concepto de productos de lujo.

- Forzaban el incremento de la calidad de los productos fabricados por los empresarios interesados en la exportación.

    El posicionamiento internacional de un producto o una marca exigía un gran esfuerzo del fabricante para ofrecer una mercancía diferenciada del resto porque no sólo tenía que luchar contra la calidad de las producciones nacionales, sino contra unas barreras impositivas que encarecían sus productos.

    El consumidor de un país sólo estaba dispuesto a pagar el sobreprecio de un producto importado cuando ese producto le ofrecía una calidad que percibía como diferente, tanto de los que se producían internamente, como de los del resto de países exportadores.

- Imposibilitaban las producciones en terceros países.

    Naturalmente, al contrario de lo que ocurre en la actualidad, al empresario difícilmente se le podía pasar por la cabeza ir a fabricar sus productos fuera de su país para después retornarlos con la intención de venderlos en el mismo sitio de donde se había ido. El coste de producir fuera para vender dentro habría encarecido excesivamente su producción.

Como era de suponer, ese capitalismo que ya se había deshecho de la primera barrera del libre comercio derrotando al comunismo, no se iba a dejar amedrentar por la segunda barrera interpuesta tan sólo por unos Estados que le eran ciertamente proclives.

Efectivamente no tardaron mucho tiempo en alcanzarse los primeros acuerdos comerciales necesarios para romper las fronteras y conseguir la libre circulación mundial de mercancías y con ella, el nacimiento de la globalización.

Los empresarios ya podían producir barato en los denominados países del tercer mundo y vender caro en los del primer mundo. Se conseguía exprimir así la fórmula del beneficio ideal: máximos ingresos a mínimos costes. Además, se alcanzaban dos efectos colaterales que incrementaban el beneficio en aquellas empresas o partes de ellas que todavía seguían y siguen produciendo en los países consumidores:

- Reducir los salarios bajo el argumento de hacer competitivas las producciones de estos países respecto a las de los otros (los del tercer mundo).

- Convertir la amenaza constante del traslado de las producciones nacionales a esos terceros países en una espada de Damocles sobre la cabeza de sindicatos y Estados para conseguir así de ellos beneficios adicionales tales como la reducción de derechos laborales o la obtención de las subvenciones públicas que ya vimos en el capítulo anterior.

Gracias a nuestros consumos esos países del tercer mundo, entre los que naturalmente destaca China por tamaño e influencia económica mundial, han incrementado su renta per cápita, lo que les ha permitió convertirse en nuevos centros de demanda de productos y, además, con un gran potencial futuro porque la propensión al consumo de estos países parece incluso superior a la nuestra.

Siempre viene a mi mente cuando hablo de esta propensión al consumo en Asia unas imágenes que vi en las noticias hace unos años. Se trataba de un trabajador chino, que al igual que ocurre entre nosotros, se había pasado toda la noche a las puertas de una tienda de Apple esperando pacientemente para poder comprarse el último modelo de iPhone (no recuerdo cual). Por alguna razón el mismo día en el que estaba prevista su comercialización, la dirección de la empresa decidió retrasarla unos días en toda Asia, cogiendo desprevenidos a todos los que esperaban en esas colas. La noticia la ilustraba aquel hombre delante de la cámara con el brazo en alto esgrimiendo un puñado de billetes en una pose que recordaba a la de Scarlett O'Hara en "Lo que el viento se llevó" pero, si cabe, con mayor dramatismo, gritando: "Yo he trabajado 15 horas diarias durante meses y he pasado hambre para poder ahorrar este dinero y ahora me dicen, después de toda la noche aquí, que no me venden mi iPhone…". Aquel hombre siempre se quedó en mi cabeza como el orgasmo del capitalismo, su punto más álgido, alguien dispuesto a someterse totalmente al sistema para poder adquirir algo producido por el propio sistema. No puede haber a mi entender mejor definición de adepto a la ideología capitalista.

Los empresarios saciaron nuestro voraz consumo vendiéndonos productos hechos en países de renta baja y fruto de eso han conseguido nuevos mercados de demanda en sitios donde antes no soñaban con vender nada.

Vistos en perspectiva todos estos procesos podemos concluir que nuestro endeudamiento ha construido la globalización. Aquella bolsa de los trabajadores que en su día se lleno artificiosamente con el dinero prestado por la banca permitió el crecimiento exponencial del consumo en el primer mundo el cual, al ser cubierto con la producción del tercero, ha conseguido, gracias a las rentas generadas por esa producción, la incorporación de nuevos países a la senda del consumismo masivo cerrando así un círculo que ha expandido y sigue expandiendo el sistema capitalista por todo el planeta.

CAPÍTULO III

FUTURO

Una vez visto el presente y sus tendencias, para hablar del futuro es necesario que deduzcamos los escenarios socioeconómicos que tienen mayor probabilidad de producirse. Es, sin duda, la parte más difícil de analizar porque cualquiera nueva variable o circunstancia que se presente puede dar al traste con todo lo que podamos vaticinar, aunque, si es así, bienvenida sea, porque el escenario futuro que se nos presenta no tiene muy buen cartel.

El mismo capitalismo que en su día nos sacó del feudalismo puede llevarnos otra vez a él si sigue por los mismos derroteros actuales. El capitalismo, tal y como lo estamos viviendo, nos acerca a un nuevo feudalismo mucho más execrable que el anterior porque no solamente se concentra en la posesión de la tierra, sino en la posesión de toda la riqueza mundial y, además, con el agravante de hacerlo en un planeta superpoblado.

Aun a sabiendas de que puedo parecer uno de esos agoreros Nostradamus del cataclismo que tanto proliferan en estos tiempos, Introduzco esta idea desde el principio del capítulo para poder centrar mis argumentos.

El proceso de globalización capitalista no ha alcanzado ni mucho menos su cenit, queda todavía mucho planeta por globalizar. Sin embargo, como el origen de la globalización está en el primer mundo empezaremos analizado cuál es su futuro y como se configurarán en él las bolsas de dinero de las que hablábamos en el primer capítulo.

La evolución de la renta en el primer mundo.

Hemos visto que uno de los efectos de la globalización es el aumento de la capacidad de consumo de algunos países de los que considerábamos tercer mundo como consecuencia lógica del crecimiento de sus rentas per cápita por la producción transferida de los países occidentales. Bajo esta perspectiva, la globalización, lejos de ser mala, podría parecer beneficiosa para la humanidad puesto que aparenta poder ser la solución que todos deseamos a las desigualdades económicas del planeta. Podría parecer que con la globalización, el proceso de creación de riqueza se extenderá gradualmente por todo el mundo permitiendo una redistribución de la renta entre todos los países mucho más equitativa, sin embargo, creer esto es un error.

La situación que dibujo no es la solución para la redistribución de la riqueza mundial, muy al contrario, de lo que se trata realmente es de algo parecido a una estafa piramidal. El capitalismo lo que está poniendo en práctica es un plan para conseguir enriquecer a la cúspide del poder económico mediante el estrangulamiento de la clase trabajadora mundial en un proceso que terminará llevando a ésta a un empobrecimiento generalizado.

Veremos que realmente lo único que está haciendo el capitalismo en estos momentos es incrementar temporalmente la base del consumo que lo alimenta a costa de empobrecer los territorios que abandona en un continuo proceso de transferencia productiva, con el único fin de facilitar la concentración de la riqueza en manos de unas élites económicas muy reducidas.

Debido a que somos el origen del proceso, para entender esta afirmación tenemos que volver a situarnos en nuestro poderoso entorno de países del primer mundo e intentar responder a la pregunta: ¿qué va a pasar con nuestra capacidad de consumo?, o lo que es lo mismo ¿qué va a pasar con nuestras bolsas de dinero?

En el primer capítulo vimos que tanto la bolsa de los trabajadores como la de los Estados (ligada a la primera) están sufriendo una disminución paulatina de sus tamaños en favor de la de los empresarios, sin embargo, no analizamos realmente los efectos futuros de esta situación. Para hacerlo retomaremos ahora algunos conceptos ya vistos y plantearemos otros nuevos que van a definir nuestro futuro de forma directa.

Analicemos por lo tanto el previsible futuro de las tres bolsas.

La bolsa de los trabajadores.

Recogiendo lo comentado en los capítulos anteriores, podemos decir que la bolsa de un trabajador en un momento determinado del tiempo puede estar configurada como máximo por los siguientes elementos:

-    El dinero del salario del mes en curso.

- Los ahorros que pueda tener por el dinero no consumido de los salarios anteriores a los del mes en curso, y por el generado por otras actividades de contenido empresarial (intereses bancarios, venta de propiedades, participación en inversiones, etc.).
- El dinero de los créditos bancarios.

De forma matemática pero visualmente más simple, podemos representar esta situación de la siguiente manera:

BOLSA DEL TRABAJADOR = SALARIO + AHORROS + CRÉDITOS

En este momento la bolsa del trabajador es máxima, es decir, su capacidad de consumo es la mayor que puede alcanzar porque se juntan en él las tres componentes posibles de la bolsa. Es aquel momento que describí en el que las familias salían de su entidad bancaria con la felicidad en los rostros por sentirse económicamente poderosos.

Sin embargo, esta situación dura el tiempo que el trabajador tarda en trasladar el dinero del crédito al consumo para el cual se le concedió[6], que unas veces es instantáneo (como cuando realizamos una compra con tarjeta de crédito) y otras algo diferido (como cuando nos conceden un préstamo para la construcción de una vivienda).

Su bolsa de dinero cambia entonces rápidamente de configuración por el efecto que produce la desaparición del dinero del crédito, lo cual reduce su tamaño y, además, por la aparición un nuevo elemento en la ecuación: las cuotas del crédito.

La bolsa del trabajador quedará ahora definida de la siguiente manera:

BOLSA DEL TRABAJADOR = SALARIO + AHORROS – CUOTAS

Vemos ahora que a partir de este momento el consumo posible del trabajador, cuantificado por el tamaño de su bolsa de dinero, se reduce. De aquí en adelante el trabajador verá reducida su capacidad de consumo futuro por el importe del pago de un consumo del pasado.

Podemos decir por lo tanto, que el consumo que realizamos mediante créditos en un momento determinado se traduce al instante en una reducción de las

---

[6] Constatemos aquí que a un empresario se le conceden créditos para su inversión en nuevos medios de producción que le garanticen mayores rentas futuras, pero a un trabajador se le conceden créditos para que consuma.

posibilidades de nuestro consumo en el futuro.

La incorporación masiva de los créditos en la bolsa general de los trabajadores provoca una reducción de su tamaño por la aparición de un nuevo componente del flujo Trabajadores → Empresas: el flujo Trabajadores → Bancos. Un flujo implacable e imposible de eludir.

Si a este nuevo sangrado en la bolsa de los trabajadores le agregamos todos los descritos en el primer capítulo tales como, recordemos: la reducción de los salarios, los incrementos de los impuestos, la disminución de los beneficios sociales de los Estados y la propensión a nuevos consumos, nos encontramos entonces ante una perspectiva lamentable en la salud económica futura de los trabajadores del primer mundo, que provocará, con toda seguridad, no sólo la reducción de la capacidad adquisitiva de la mayoría, sino la exclusión de muchos de ellos del sistema por la pérdida total de sus bolsas.

Hablo naturalmente del incremento de la pobreza en el primer mundo (la mayor lacra social posible después de la guerra) que estamos comenzando a vislumbrar en nuestro entorno económico, aunque muchos quieran negarlo o simplemente no quieran asumirlo mirando para otro lado en un intento de equiparar el no ver, con el no existir.

El empresario siempre ha sabido que el trabajador era su fuente de producción y, a la vez, la base del consumo de esa producción. Sin embargo, el proceso de transformación del capitalismo está consiguiendo que el empresario sólo entienda al trabajador de un determinado territorio o país como un simple consumidor, porque la faceta productiva de éste ahora puede obviarla gracias a las dos alternativas que tiene en sus manos para reemplazarla:

- La comentada externalización de la producción a terceros países.
- La sustitución del hombre por la máquina (ahora denominada Inteligencia Artificial).

Cómo de la primera ya hemos hablado con bastante extensión, creo que debemos dedicarle algunas líneas a la segunda.

Generalmente, cuando se trata el tema de la mecanización y robotización industrial la atención se focaliza en la fase de fabricación y se dejan de lado los efectos que esta mecanización está teniendo en la fase de comercialización de los productos, por eso me parece importante separar estas dos partes para poder ahondar realmente en la dimensión real del problema.

- La automatización en la fabricación.

Todos tenemos en la mente las imágenes de las cadenas de producción ideadas por el señor Ford, que tan incisivamente parodió Chaplin en su película "Tiempos modernos". En ellas miles de trabajadores especializados desarrollaban funciones concretas y repetitivas durante toda su jornada laboral.

El panorama actual de esas mismas cadenas es bien distinto, y donde antes veíamos personas, ahora vemos largos brazos robóticos que con precisión milimétrica van componiendo cada una de las partes del producto final.

En toda cadena de producción después de que una máquina realice un trabajo, siempre se necesita un trabajador que dé continuidad al proceso hasta la siguiente fase. Pensemos, por ejemplo, en el instante preciso del proceso de producción de los vasos de nuestra fábrica del primer capítulo, en el que se pasa de la fase de elaboración a la de empaquetado. En ese momento, unos empleados especializados recogen los vasos de la cadena de salida automatizada y los acomodan en cajas para su correcto embalaje, permitiendo así la continuidad del proceso mediante el enlace de una fase automatizada con las siguientes fases de apilado y transporte.

La característica de cualquier proceso productivo tradicional es la sucesión: máquina → trabajador → máquina → trabajador…, donde cada elemento empieza donde acaba el anterior en una conexión constante que resulta tanto más productiva cuanto más dinámico es el flujo que los relaciona, y es precisamente en la búsqueda de ese dinamismo del flujo en donde el empresario ha encontrado la perfecta justificación para eliminar al trabajador del proceso, al considerarlo un elemento que lo ralentiza y lo hace mucho más ineficiente que la simple sucesión: máquina → máquina → máquina → máquina…

Son numerosos los estudios que nos advierten de la amenaza que supone la Inteligencia Artificial para el trabajo humano. Se señalan cifras que nos indican cuántas personas pueden ser sustituidas por una máquina (dependiendo de la actividad) y se relega la necesidad del trabajo humano a las meras tareas de control de esas máquinas e, incluso, algunos analistas van más allá y ya adelantan que estas personas también serán eliminadas cuando creemos las máquinas que controlen a las máquinas.

La robótica no es más que la evolución natural de los procesos tradicionales de mecanización industrial. Inicialmente las máquinas sólo fueron herramientas que ayudaron a aumentar la productividad de los trabajadores. Con el tiempo estas máquinas adquirieron mayores grados de sofisticación y capacidad de trabajo, pero no sustituyeron al trabajador porque su inteligencia era necesaria para operarlas. Sin embargo, con el nacimiento de la electrónica esa inteligencia humana está siendo sustituida por la inteligencia artificial de los ordenadores capaz de realizar casi todos los procesos operativos con mucha mayor velocidad y precisión.

Las máquinas se introducen ahora en el proceso productivo, no como herramientas de ayuda para el trabajador, sino como un sustituto de él, capaces, incluso, de tomar decisiones ante los problemas que puedan surgir en el proceso productivo.

Se trata, sin duda, del instrumento más destructor de empleos que pueda existir porque su afectación es de carácter mundial, es decir, en mayor o menor medida, elimina trabajo humano tanto en el primer como en el tercer mundo. Se estima que en pocos años se perderán millones de puestos de trabajo, pudiendo llegar a alcanzar hasta el 50% de los empleos en algunos países.

- La automatización en la comercialización.

Con independencia de que la actividad de una empresa sea industrial o de servicios, la desaparición de puestos de trabajo se está produciendo en todos los niveles del proceso productivo. Allá donde un empresario encuentra la mínima oportunidad de eliminar un trabajador, no duda en poner los medios necesarios para hacerlo, por eso la mecanización e informatización del trabajo no sólo se restringe al ámbito de la fabricación de los productos, sino también al de su comercialización.

Cuando pensamos en las máquinas como sustituto de los hombres, siempre solemos acercarnos a la imagen descrita de los robots dentro de una cadena de fabricación, pero el proceso de sustitución va más allá de esta idea y abarca cualquier fase de la producción en la que una máquina pueda realizar una función desarrollada hasta el momento por una persona, quitando simplemente a la persona para colocar en su lugar a la máquina. Sin embargo, cuando esa fase es la venta (la última del proceso productivo) el empresario necesita hacer uso de un mecanismo específico de venta: el Self-Service.

El Self-Service o en castellano "Sírvase usted mismo", es la manera educada que tiene el empresario de decirnos: "Hazlo tú y no me hagas perder el tiempo y el dinero atendiéndote". Una fórmula que todos aceptamos ya de forma natural para realizar nuestras compras.

Cuando termina el trabajo de una máquina siempre se requiere el trabajo de un humano, instruido y entrenado correctamente para que continúe el proceso de producción siguiendo la ya conocida secuencia: máquina → trabajador → máquina → trabajador. Pues bien, lo que se consigue con el Self-Service es eliminar a los trabajadores de la última fase del proceso (la venta) mediante la educación del consumidor para que sea él mismo el que la realice relacionándose directamente con las últimas máquinas del proceso productivo.

Se trata, por lo tanto, de una fórmula que ya aceptamos con naturalidad y que provoca la desaparición de una gran cantidad de puestos de trabajos que no nos cuestionamos cuando realizamos nuestras compras. Es una forma de venta que ha favorecido notablemente el ahorro de costes laborales de los empresarios.

Con el concepto de Self-Service no debemos pensar sólo en los establecimientos de comida rápida, sino en todos los procesos de venta en donde antes nos atendía una persona y ahora lo hace una máquina o un simple sensor electrónico.

Hace poco, en un viaje en coche, se me ocurrió comprobar las cabinas de peaje vacías que me iba encontrando en un trayecto de autopista de menos de trescientos kilómetros, y pude contar 21 sólo en el trayecto de ida. Esas 21 cabinas en su día estuvieron ocupadas por 21 trabajadores y ahora no hay nadie. En su lugar sólo hay unas máquinas para el cobro por tarjeta o efectivo y unos dispositivos para el pago automático por el Vía-T. Naturalmente éste es sólo un ejemplo, porque es el mismo sistema de destrucción de empleo y ahorro de costes laborales utilizado por los empresarios cuando pagamos nuestros recibos en el cajero automático de un banco; o cuando nos dispensamos nosotros mismos la gasolina; o cuando llamamos a un 902 para darnos de baja de nuestro teléfono (con el agravante de que en este caso la llamada también nos cuesta dinero); o, sobre todo, cuando compramos en internet, porque éste es, sin duda, el instrumento más destructor de empleos comerciales que existe.

Cuando me compro en internet el vaso de nuestro ejemplo, dejo de bajar a comprarlo a la tienda de la esquina donde trabajan unos empleados ligados al comercio tradicional que quedan, con mi decisión, excluidos del proceso de generación de valor productivo. Ese valor que le correspondía cobrar a los trabajadores se lo ha quedado limpiamente el empresario de internet, engordando así su bolsa con un dinero que debería haber llegado a la de los trabajadores.

Entre todos hemos hecho multimillonarios a los propietarios de unos sitios de internet que, sin gastar un céntimo de inversión en crear la tradicional red de comercialización y, naturalmente, sin crear ningún puesto de trabajo en esa red, están acaparando las ventas mundiales de casi todos los productos.

Por último quiero destacar, en aras de buscar también la responsabilidad de los trabajadores en el deterioro de su propia situación económica, el efecto que el trabajo de algunos tiene sobre el de otros.

Lo peor de todas estas ideas empresariales reductoras de empleos es que la gran mayoría de ellas han sido paridas por trabajadores.

La estructura organizativa de las medianas y grandes empresas suele estar dividida en departamentos especializados en tareas o funciones concretas de la actividad general. Muchos de nosotros estamos o hemos estado en empresas jerarquizadas y con unos todopoderosos servicios centrales compuestos por multitud de departamentos como Personal, Finanzas, Ventas, Producción, etc. Cada uno de estos departamentos, encabezados por sus directores, tienden a funcionar como miniempresas dentro de las empresas y, como tales, tienden a buscar la maximización de su propio beneficio por encima del de la empresa e, incluso en ocasiones, a costa de otros departamentos.

La maximización del beneficio de cada departamento se consigue habitualmente presentándole a la dirección general o directamente al empresario los logros particulares de cada uno. Así, por ejemplo, el departamento de Personal buscara soluciones de contratación y gestión de los empleados que le permita presentar a la dirección general unos costes de personal menores que los del ejercicio anterior, y para ello no dudara, salvo naturalmente honrosas excepciones, en recurrir a medidas como cubrir puestos directos de trabajo con becarios o con contrataciones precarias, a pesar de que ello pueda perjudicar los resultados de otros departamentos como el de Producción o el de Ventas.

Esta búsqueda del reconocimiento de la Gerencia como forma de progreso personal es el caldo de cultivo en el que nacen buena parte de las ideas que dan lugar a la pérdida de empleos. Ideas como: "Si quitamos a los trabajadores de esta sección y ponemos esta máquina en 2 años y 9 meses habremos rentabilizado la inversión", "si contratamos este Call Center podremos prescindir de estos trabajadores", "si subcontratamos el mantenimiento de la planta podremos ahorrarnos todos estos salarios fijos", y muchas otras surgidas únicamente con el fin personal de conseguir medallas laborales suponen diariamente la desaparición de incontables puestos de trabajo.

Dentro de los giros semánticos utilizados por los lenguajes técnicos para esconder la verdad, hoy en día es bastante habitual escuchar en el ámbito directivo de las empresas el de "Amortización de puestos de trabajo". Es una forma retórica de encubrir la palabra "despidos" pero, además, también es una forma de expresar la impersonalidad y deshumanización actual de las relaciones empresa-trabajador. El concepto de amortización, ligado siempre al ámbito contable de las empresas, ahora también vale para las personas porque, al fin y al cabo, "amortizar puestos de trabajo" es lo mismo que "amortizar trabajadores". Sólo la expresión debería remover las conciencias al referirse a los seres humanos como máquinas obsoletas o como préstamos cancelados, pero no lo hace; muy al contrario, se utiliza con frecuencia como tecnicismo por los jefes de departamento para venderle a la Dirección General un ahorro de costes de personal, aún a sabiendas de las consecuencias negativas que, dicho ahorro tiene sobre las cargas de trabajo del resto de personal o sobre la calidad del producto final.

Con independencia del origen de las ideas para la reducción de costes salariales y de los sistemas adoptados para implantarlas, lo cierto es que el desmesurado fervor empresarial por el ahorro costes de personal como fórmula de aumento de los beneficios está destruyendo a hachazos la bolsa de los trabajadores y con ella, el propio futuro del capitalismo.

<u>La bolsa de los Estados.</u>

Diariamente somos testigos de la derechización de los Estados del primer mundo con acontecimientos y acciones ideológicamente desequilibrantes que acercan la izquierda a la derecha y la derecha a la extrema derecha. Vemos como nuestros gobiernos asumen de manera más convencida los planteamientos neoliberales más radicales sobre la economía y la sociedad; aquellos que entienden al individuo como único responsable de sí mismo y no como alguien afectado por un entorno que, la mayor parte de las veces, no puede controlar y que, precisamente por eso, necesita ayuda externa para sobreponerse.

Ya hemos visto que la vinculación de ingresos que han establecido los Estados con la renta de los trabajadores liga las tendencias de sus respectivas bolsas de tal manera que, si el futuro de la de los trabajadores es la pérdida de tamaño, también será éste el futuro de la de los Estados.

La consecuencia más destacable de este hecho será la desaparición del estado del bienestar por la incapacidad que tendrán las Administraciones Públicas de sostenerse solamente sobre los hombros de los trabajadores. Si el dinero necesario para el mantenimiento del estado del bienestar va a salir básicamente de la clase social a la que supuestamente debería favorecer, entonces, los mecanismos de redistribución de la riqueza que le dan sentido sólo afectarán internamente a esa clase trabajadora, dejando al margen de dicha redistribución a la clase empresarial. No tiene sentido tener Estados que sólo les quiten a los trabajadores para dárselo a los trabajadores, excluyendo del circuito de reparto social del dinero precisamente a la clase que más tiene: la empresarial. No necesitamos Estados Robin Hoods estúpidos, necesitamos Estados Robin Hoods de verdad.

La sociedad capitalista del "sálvese quien pueda" requiere cada vez más tener enfrente unos Estados fuertes e independientes que regulen sin la injerencia de ningún grupo de poder la coexistencia social y económica entre los dos poseedores del dinero: los trabajadores y los empresarios, y entre éstos y las personas sin recursos que quedan excluidas totalmente del triangulo del dinero.

Unos Estados dirigidos ideológicamente a contentar a la clase empresarial y a socavar la base económica de los trabajadores sólo pueden tender a hacerse socialmente invisibles y redistributivamente inútiles.

Si a la dimensión funcional de los Estados le quitamos sus tareas socioeconómicas, tendremos un panorama futuro nada halagüeño en cuanto a su tamaño. Así, todo parece indicar que el futuro de los Estados quedará limitado exclusivamente al mantenimiento de unas pocas instituciones responsables de la elaboración de normas, del control de las mismas y de su ejecución impositiva, es decir: gobiernos, juzgados, policía y ejércitos. Serán poco más que meros Estados policiales donde sólo quede garantizado el control de la ciudadanía para corregir la aparición de delincuentes e individuos antisistema.

La bolsa de los empresarios.

Las dinámicas que arrastran los flujos de dinero hacia la bolsa de los empresarios tienen una fuerte vinculación con la globalización. Observemos que elementos que definíamos en el origen de esos flujos tales como la reducción de salarios, el desplazamiento de la producción a terceros países, la evasión de dinero de los empresarios a paraísos fiscales o los nuevos consumos, hunden directamente sus raíces en la globalización comercial y financiera.

Pero, además de todo esto, la globalización ha conseguido instrumentalizar tanto a los trabajadores como a los Estados en beneficio de la acción empresarial, consiguiendo de ellos la ayuda necesaria para el derribo de barreras que en el pasado sirvieron de contención a las pretensiones de numerosos intereses empresariales.

Los entornos económicos deprimidos del primer mundo generados por la globalización han conseguido que tanto trabajadores como Estados hayan bajado sus cotas de permisividad ante las exigencias del mundo empresarial. Se aceptan situaciones sociales injustificables hace unos años en aras del beneficio productivo, y lo que antes no era lícito ahora sí lo es, y donde antes había límites ahora no los hay. Se reforman legislaciones laborales completas para adaptarlas a las peticiones empresariales, se firman acuerdos sindicales que empobrecen paulatinamente a los trabajadores para contentar al empresario, se otorgan concesiones propias de las soberanías de los Estados para facilitar la acción de las grandes multinacionales y, en definitiva, se entregan los derechos de la totalidad al beneficio de unos pocos.

No es de extrañar que con este panorama social la bolsa empresarial crezca ilimitadamente amparada en todos los factores que le son propicios y que hemos ido desgranando en la lectura.

En definitiva, vistos los caminos seguidos por los agentes del triángulo de la riqueza, todo parece indicar que vivimos y viviremos un fuerte periodo expansivo de la bolsa de dinero de los empresarios sustentado en el progresivo empobrecimiento de las bolsas de los trabajadores y los Estados.

Llegados a este punto, creo que puede resultar ilustrativo retomar el dibujo que en el capítulo I nos marcaba la dirección de los flujos entre las tres bolsas de dinero, y avanzar definitivamente para describir la configuración final de sus tamaños en el futuro.

Como podemos imaginar la situación de las bolsas en ese futuro reflejará algo parecido a lo siguiente.

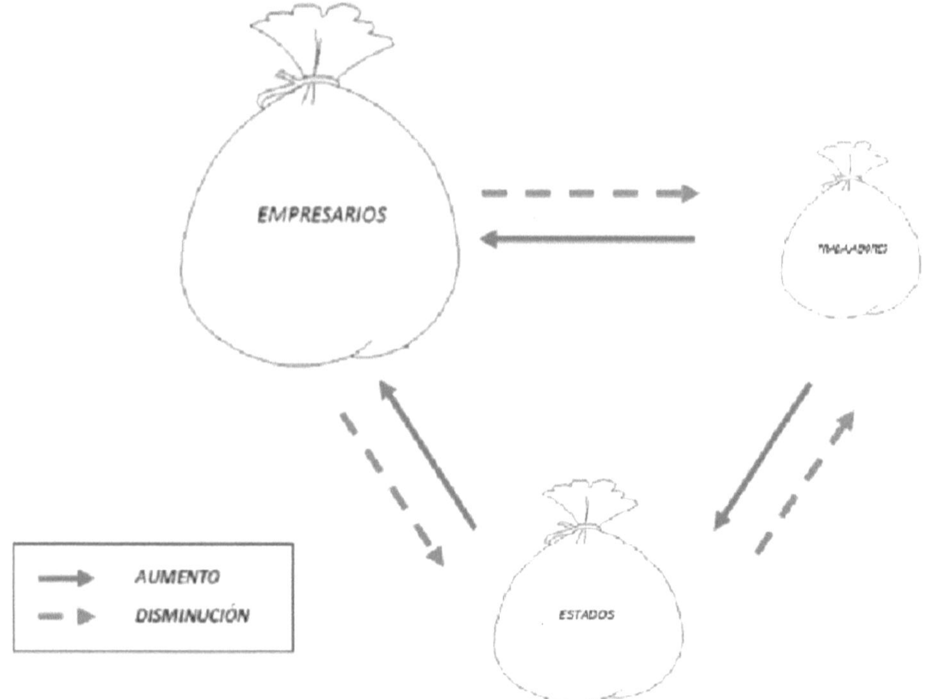

Un dibujo simple con el que sólo quiero plasmar la evolución de un proceso que es en sí mismo autodestructivo.

A primera vista puede extrañar la pequeña diferencia de tamaño entre la bolsa de los Estados y la de los trabajadores ya que vimos que por su vinculación actual deberían ir parejas, pero con esto sólo he querido constatar que la bolsa de los Estados tendrán una menor velocidad de reducción por el sustento que puedan encontrar éstas en los ingresos que aun obtengan de unos beneficios empresariales en aumento. De todas formas la velocidad de destrucción de esta bolsa no será mucho menor que la de los trabajadores.

Obviando esta salvedad, lo que realmente importa de la situación es entender que la bolsa de los trabajadores está siendo literalmente fagocitada por las otras dos y que el dinero y la riqueza está siendo acaparada solamente por uno de los tres componentes del triángulo: los empresarios.

Bajo esta perspectiva, y dado que sabemos que es el consumo de los trabajadores el que activa y da fuerza a la demanda que mueve capitalismo, no es difícil deducir que la disminución de la bolsa de los trabajadores del primer mundo provocará la desactivación y la pérdida progresiva de fuerza del capitalismo en ese mismo primer mundo, abocando al sistema al empobrecimiento generalizado y con él, a su más que posible desaparición en su concepción tradicional.

Estamos siendo testigos del crecimiento de la bolsa de pobreza en todos nuestros países, una bolsa muy distinta de las tres que venimos tratando en este libro, y que no es más que la que se genera precisamente con aquellos que quedan excluidos de ellas por la pérdida de recursos, pero, sobre todo, con extrabajadores y trabajadores con salarios inferiores a los niveles básicos de subsistencia.

Esta bolsa de la pobreza es el mayor freno del capitalismo porque, si bien es cierto que alimenta la producción barata al facilitar el sometimiento del trabajador al deseo del empresario, también imposibilita la venta de la producción en esos mismos entornos.

Recordemos que la capacidad de consumo del trabajador es el pulmón que oxigena el capitalismo, así que en la medida que ese pulmón pierda tamaño y fuerza, también la perderá el propio capitalismo.

La mentira de las crisis.

Seguiremos desarrollando la evolución del proceso de la concentración de la riqueza y sus efectos sobre la economía, pero me gustaría hacer ahora un inciso para darle la dimensión exacta a lo que está sucediendo en nuestras economías y destruir el concepto de crisis como elemento explicativo habitual.

A lo que está sucediendo en nuestro actual entorno socioeconómico occidental lo quieren seguir llamando crisis para hacernos creer que como tal, se trata solamente de una situación subsanable como otras muchas superadas en el pasado, pero la realidad no es esa, la realidad es que lo que estamos viviendo es la evolución lógica del sistema capitalista moderno.

Las crisis son acontecimientos de ámbito local, nacional o mundial relativos a una situación puntual de desajuste entra la oferta y la demanda que el propio sistema acaba solucionando con sus medios y que, en la mayoría de los casos, ayuda a limpiar y, a la vez, a reforzar el propio sistema. Sin embargo, éste no es el caso actual. Lo que sufrimos ahora es la derivación normal de un capitalismo irracional que está anteponiendo su crecimiento descontrolado a su propia supervivencia, algo así como un individuo obeso que sigue comiendo incesantemente para satisfacer su voraz y estúpido apetito sin preocuparse en ningún momento por su salud futura.

Me cuesta entender la ceguera de un sistema que se empeña en denominar crisis a lo que son pasos lógicos en el camino marcado por las directrices del nuevo capitalismo dominante en donde todas las estrategias de actuación están orientadas al enriquecimiento de unos pocos, aunque sea a costa del empobrecimiento de la mayoría.

El endeudamiento por encima de nuestras posibilidades del que algunos se atreven a culparnos a los trabajadores del primer mundo, es un fenómeno propiciado por las élites económicas y políticas del que se valieron para activar nuestro consumo y con ello incrementar sus producciones. Las inyecciones de créditos fáciles fueron la espoleta de toda una serie de acontecimientos que, acompañados por la globalización en ciernes, derivaron en un descontrol de flujos de dinero que han vaciado la bolsa de los trabajadores para llenar la de los empresarios.

El sitio donde estamos es el sitio donde nos han colocado y llegamos a él como resultado de la evolución natural del capitalismo de las élites y no como el fruto de una crisis funcional del sistema.

Los datos que siempre nos muestran como indicadores de la situación económica en un momento determinado para hacernos creer que todo se trata solamente de una de esas crisis puntuales que los Estados y el resto de agentes económicos se encargan de resolver con sus perfectas medidas correctoras, esconden una realidad que, analizada a lo largo del tiempo y no sólo en un instante concreto, muestra un deterioro paulatino de nuestras condiciones de vida.

Todos podemos constatar fácilmente que nuestros padres vivieron mejor que nuestros abuelos y que nosotros vivimos mejor que nuestros padres pero ¿y nuestros hijos?, ¿realmente tenemos la percepción de que van a seguir la misma senda y de que van a vivir mejor que nosotros?

Por encima de que en un momento dado nos digan que el paro ha bajado, que las bolsas han subido o que la economía ha crecido, todos percibimos que somos la generación que ha alcanzado el máximo bienestar y que las siguientes lo van a tener mucho más complicado no ya para superarnos, sino simplemente para intentar igualarnos. Será, sin duda, un tránsito social difícil de una generación acostumbrada desde su nacimiento a un nivel de vida acomodado gracias a los logros de la anterior, y que ahora tendrán que asumir la precariedad de los nuevos tiempos.

Sentimos que todo lo que nos afecta social y económicamente se deteriora de forma gradual y que aquello que dábamos por sentado como seguro para nuestro futuro ya no lo es tanto. Todos creíamos por ejemplo; que un trabajo fijo garantizaba el futuro, y que terminada nuestra edad laboral tendríamos asegurada una pensión que nos permitiría vivir con dignidad, y que nuestros hijos encontrarían un futuro laboral estable que les permitiera realizar sus vidas sin el temor constante a la precariedad y sin tener que traspasar las fronteras para sobrevivir, y en definitiva, todos creíamos muchas cosas que ahora entendemos que realmente son muy inciertas.

Esa incertidumbre ha pasado a ocupar un lugar tan destacado en nuestras vidas que nos ha llevado a aceptar multitud de ridículas explicaciones de quienes han querido y quieren aprovecharse del miedo.

La incertidumbre sobre el futuro genera temor, y ese temor demanda respuestas y alternativas que desgraciadamente están dando juego a que muchos oportunistas del miedo encuentren la ocasión perfecta para ofrecernos las soluciones que más favorecen sus intereses. Seguramente nos sonarán algunas de estas peregrinas soluciones:

- La culpa es de los extranjeros que nos invaden para quitarnos nuestros trabajos y nuestros derechos.

  Es la solución aceptada por los que se olvidan de que el problema no son los trabajos que los extranjeros realizan en nuestros países, sino el trabajo que los empresarios de nuestros países se han llevado al extranjero. Es la típica solución de los grupos y partidos ultraderechistas que, como siempre, encuentran la manera de satisfacer sus instintos agresivos y de poder culpando de los males del mundo a todos los que sean distintos. Es la solución: "Cabréate con ellos y pelea con nosotros".

- La culpa es nuestra por vivir por encima de nuestras posibilidades sin trabajar lo suficiente.

  Se trata de la solución de los mismos que propiciaron nuestro consumo con el endeudamiento fácil y que ahora quieren que aceptemos resignadamente todos los recortes de derechos que se les ocurra imponernos justificándolos con argumentos amenazantes. Es la solución: "Allá tú pero, o haces lo que te digo o lo vas a pasar muy mal".

- No hay nada que temer.

  Es la solución optimista de los continuistas del sistema, de aquellos que nos quieren hacer entender que sólo se trata de nuevos tiempos que, lejos de ser problemáticos, son la oportunidad perfecta para vivir en un nuevo mundo donde todos podemos participar del Hollywoodizado "Sueño Americano", ya que ahora cualquier persona tiene la posibilidad de convertirse, trabajando duramente eso sí, en un nuevo miembro de la lista Forbes. Es la solución: "¿Qué más podemos querer?"

Obviamente, ni la culpa es de los extranjeros, ni nuestra, ni esto es una película de final feliz, esto sólo es la derivación natural de la la economía hacia la que nos lleva el capitalismo irracional que se está implantando en nuestra sociedad.

Es ridículo llamar crisis a lo que no son más que los pasos lógicos del proceso de degradación económica provocado por la concentración de la riqueza en las manos de unos pocos privilegiados.

Después de la caída del primer mundo.

Para continuar con los efectos del crecimiento descontrolado de la bolsa de dinero empresarial, y una vez constatado el freno que esto supone para la continuidad del capitalismo en el primer mundo, debemos intentar ver la evolución que puede tener este capitalismo en las economías emergentes del tercer mundo.

Hasta el momento la globalización productiva se ha centrado muy particularmente en Asia, continente que por sus características demográficas y socioeconómicas ofrecía las mayores potencialidades de crecimiento y adaptación a los objetivos finales del capitalismo.

En pocos años hemos visto a economías históricamente agrícolas generando urbes de producción masiva y, a la vez, estableciendo el germen de nuevos centros de demanda. Unos centros de demanda con una potencialidad enorme tanto por el número de demandantes, como por su propensión al consumo.

Actualmente son países netamente exportadores con balanzas comerciales positivas porque producen principalmente para alimentar de forma masiva el consumo del primer mundo, sin embargo, cabe esperar que en el futuro esa tendencia se invierta y que llegue un momento en el que su consumo interno sea más importante que el externo.

Los progresivos incrementos de las rentas per cápita de estos países generados por los beneficios de sus exportaciones están yendo a parar masivamente a satisfacer sus nuevos consumos. Unos nuevos consumos que al multiplicarse por cifras de población de diez dígitos están generando un crecimiento exponencial de su demanda.

Por otra parte, los incrementos de su renta también propiciaran los incrementos de los precios haciendo de esa manera más apetecible este mercado para todos los empresarios mundiales.

Entonces, ¿qué pasara cuando la demanda de estos países llegue a ser cuantitativamente más importante que la nuestra?

Hemos visto que la reducción de la bolsa de los trabajadores del primer mundo disminuirá su capacidad de consumo futuro, por lo que no es difícil entender que si esto ocurre y, por el contrario, el consumo del hasta ahora tercer mundo aumenta, llegará un momento donde éste supere a aquel. Alcanzado ese momento, es lógico suponer que la atención empresarial se centrará en ellos porque su superior volumen de negocio generará mayores expectativas de beneficios que, al fin y al cabo, es lo que mueve el interés de cualquier empresario.

Los pequeños y medianos empresarios del primer mundo ligados a la producción interna verán desaparecer paulatinamente sus ingresos por la reducción de unas ventas vinculadas íntegramente a su mercado nacional. Muchos desaparecerán y otros se verán obligados a buscar mercados de exportación para poder sobrevivir. Se dará la paradoja de que estos empresarios necesitarán encontrar nuevos mercados en países donde los trabajadores tengan la capacidad de compra suficiente para adquirir sus productos porque ellos mismos han contribuido a que sus propios trabajadores la hayan perdido a causa de su afán desmedido de beneficios y su incapacidad para redistribuir la riqueza en sus países de origen.

Será a nivel empresarial una posición de "sálvese quien pueda y donde pueda" que agravará todavía en mayor medida la situación económica de los trabajadores del primer mundo porque producir para exportar acostumbra a desconectar más a los empresarios de su entorno socioeconómico, y acaba provocando habitualmente un deterioro de las condiciones laborales de los trabajadores en pro de una mayor competitividad (reducción de salarios y pérdida de derechos), o un traslado de las producciones a otros países con costes laborales más bajos.

La globalización facilita un proceso de transferencias de rentas del primer al tercer mundo que va a llevar al sector empresarial a fijar su atención en él. Cuando llegue ese momento nuestra relevancia económica, el peso de nuestras decisiones y las medidas gubernamentales de nuestros Estados perderán significado para el capitalismo, que podrá entonces optar por centrar sus fuerzas en los nuevos mercados, dejando los viejos como un mero nicho para los productos del lujo de las clases más pudientes.

La cuestión que podemos plantearnos a continuación es de qué manera va el capitalismo a satisfacer esa demanda emergente de los nuevos países consumidores.

Llegado el momento en el que la atención empresarial se focalice en los nuevos mercados, no encuentro razón alguna para suponer ningún tipo de cambio en las estrategias seguidas hasta ahora en el primer mundo. La búsqueda del máximo beneficio a través de la reducción de los costes laborales seguirá siendo la prioridad en el proceso productivo.

Especular con el trabajo como instrumento básico para la acumulación de riqueza es la fórmula que le ha valido a las élites empresariales para llegar hasta donde están y no creo que tras los buenos resultados obtenidos vayan a decidir cambiar nada, por eso volver a producir barato para vender caro será de nuevo la prioridad del sistema y buscará hacerlo otra vez mediante el abastecimiento del nuevo consumo de los países emergentes con productos elaborados en países de renta más baja.

Como ya sabemos, para que los empresarios encuentren los máximos beneficios en esta nueva e ingente demanda también deberán satisfacerla con unos costes de producción inferiores a los de esos países ya que, recordemos, la maximización de los beneficios se conseguía vendiendo en los sitios donde esté el dinero para el consumo, la producción facturada en países sin dinero y con menores costes laborales.

Cabe esperar que se repita entonces el mismo proceso que hemos vivido nosotros y que los empresarios busquen producir en nuevos lugares con mano de obra todavía más barata.

Planteándonos la idea con humor, podríamos preguntarnos ¿de quiénes serán los bazares en China en el futuro?, ¿quizás de los africanos?

Ésta, lejos de ser una respuesta jocosa, puede tener bastante lógica. Realmente no me parece difícil imaginarme al mundo empresarial dirigiendo su mirada hacia África, un continente que hasta ahora sólo le ha servido para abastecerse de materias primas baratas, pero que en el futuro podría ser la alternativa para abastecerse también de mano de obra de bajo coste.

Quizás en ese momento Asia comience a sufrir un deterioro notable de su producción y vea como la industria sale de sus fronteras para recalar en otros lugares con costes salariales todavía más bajos que los suyos.

Podríamos volver a extrapolar toda la dinámica del proceso capitalista incidiendo ahora sobre Asia, pero sólo llegaríamos al mismo sitio al que hemos llegado en el análisis de nuestro primer mundo: la reducción de las bolsas de los trabajadores y los Estados, y el incremento desmedido de la de los empresarios.

De todas formas, me gustaría volver a hacer hincapié en un fenómeno industrial que ya hemos analizado como destructor de puestos de trabajo en el primer mundo y que puede hacer todavía muchos más estragos en las economías emergentes: la robótica o inteligencia artificial.

Actualmente ya es un hecho constatable que cada vez un mayor número de empresas (ubicadas sobre todo en China) están orientando sus procesos productivos hacia la robotización, lo que significa que están comenzando a cambiar el habitual uso masivo de mano de obra por robots económicamente mucho más eficientes.

El problema más grave es que, mientras que el proceso de mecanización industrial del primer mundo se desarrolló de forma gradual durante más de un siglo sustentándose solamente sobre la mejora y sofisticación de las herramientas utilizadas en la fabricación de productos, el proceso de robotización industrial en las nuevas economías va a ser mucho más rápido debido a que se va a apoyar en la gran velocidad de los avances en electrónica.

No creo que estos países, prácticamente implantados en la actualidad en el pleno empleo, tarden en tener el paro como un problema estructural en sus economías, lo cual, acompañado del escaso nivel de cobertura social de sus Estados, seguramente los abocará a un empobrecimiento generalizado. Casi en una sola generación habrán conocido el auge y el declive económico, habiendo dejado en el camino sólo un puñado más de multimillonarios asentados, como los del primer mundo, sobre la miseria del conjunto de los trabajadores.

La globalización capitalista consume territorios enteros hasta que estos pierden su rentabilidad, momento en el que los abandona para marcharse a otros donde poder comenzar un nuevo proceso de explotación. Es una apisonadora que sólo deja tras de sí países esquilmados y empobrecidos con el único y simple objetivo de convertir a las élites adineradas en más adineradas.

El futuro del Capitalismo.

Llegados a este punto podemos hacernos la siguiente pregunta: ¿qué le pasará al capitalismo cuando su motor, el consumo, se quede sin gasolina?

La respuesta quizás sea entrar en lo que habíamos denominado autoconsumo de los empresarios, es decir, producir sólo para sí mismos. Es posible, pero a eso ya no le podríamos llamar capitalismo sino feudalismo. Como dijimos al principio de este capítulo, se trataría de un nuevo feudalismo en el que la riqueza estaría concentrada en una reducida élite adinerada, con Estados convertidos en meros policías garantes de la seguridad de esas élites, y donde sólo unos pocos trabajadores subsistirían para satisfacer el consumo de lujo.

Es una situación ridícula, más propia de un guión de película de ciencia ficción barata que de una realidad imaginable, pero es la derivación natural de cualquier sistema económico que no permita la redistribución de la riqueza y estrangule el flujo equilibrado del dinero entre las tres bolsas económicas.

La economía no se mueve por la venta de mil Ferraris, mansiones o vestidos de Chanel, la economía se mueve por la venta de millones de utilitarios, apartamentos y vestidos de rebajas. No es el consumo de unos pocos millonarios lo que da vida al capitalismo, sino el consumo de miles de millones de trabajadores que devuelven a la economía en un mes todo lo que recibieron de ella el mes anterior: sus salarios.

Si un trabajador o un pensionista recibe del empresario o del Estado 10 euros más de salario o pensión que el mes anterior, con toda seguridad esos 10 euros volverán al circuito del dinero en forma de consumo de manera casi inmediata. Sin embargo, si un empresario obtiene esos mismos 10 euros más de beneficios, una pequeña parte de ellos es probable que los dedique a inversión (consumo empresarial) otra parte también pequeña quizás la destine a su consumo directo (consumo del empresario) pero la mayor parte de los 10 euros se quedará en su bolsa visible (la declarada) o en la invisible (la no declarada) pero, en todo caso, no retornará al circuito del dinero.

El excesivo dinero que le está llegando actualmente a los empresarios por todas las vías que hemos visto es en la realidad un freno para la economía porque provoca una situación de cuello de botella en los flujos monetarios que paraliza el sistema e imposibilita su crecimiento natural.

La única explicación que le encuentro a esta situación es que los miembros de la élite empresarial no son realmente consciente de esta realidad o que siéndolo, esperan quedar al margen de sus efectos, y probablemente muchos, por su edad, tendrán razón y morirán antes de que puedan ver nada de esto.

Obviamente en todas estas páginas hemos analizado el futuro que dibuja la línea que siguen los hechos del presente, pero no podemos fijar, ni tan siquiera aproximar, el momento en el que se producirá el colapso capitalista. Por expresarlo de otra manera, podemos pronosticar la muerte del paciente si sigue comportándose de la misma manera que hasta el ahora, pero no el instante exacto de ella.

Pero no nos desalentemos porque el paciente puede tener cura, es una cura dolorosa para él, pero existe y se llama "Redistribución de la riqueza". Es decir, sólo sería cuestión de que el mundo empresarial dejara de comer tanto y permitiera comer algo más al mundo trabajador. De esa manera el sistema capitalista podría seguir funcionando con fluidez y, a la vez, permitir el bienestar social necesario no sólo para el funcionamiento equilibrado de la economía, sino para el mantenimiento de la paz social del planeta puesta actualmente en riesgo de forma permanente con el crecimiento de las desigualdades.

No obstante, las conclusiones finales las dejaremos para más adelante, después de que hayamos analizado un último factor que no hemos tenido en cuenta hasta el momento, pero que condicionara los tiempos y las acciones necesarias para corregir realmente el sistema.

Quedémonos únicamente con la imagen alentadora de que hay solución porque las ideas socioeconómicas como el capitalismo, el comunismo o cualquiera otra que nos podamos imaginar, no son malas en sí mismas. El error no está en ellas, sino en las personas que las ponen en práctica y las dirigen. Confiemos simplemente en que esas personas modifiquen y corrijan sus errores sabiendo entender que las sociedades sólo sobreviven cuando existe solidaridad y empatía entre los individuos que las forman.

CAPÍTULO IV

LA DISTRIBUCIÓN DEL VALOR AÑADIDO.

Hasta este momento hemos analizado la redistribución de la riqueza como un problema económico emanado del desequilibrio de flujos entre las bolsas de los tres propietarios de dinero, sin embargo, creo que también debemos analizarlo desde una perspectiva social que tenga en cuenta la equidad en el reparto del valor generado en todos los procesos productivos.

Aunque desarrollaremos el concepto del valor del proceso productivo a lo largo del análisis, para situarlo inicialmente podemos retomar el ejemplo del proceso productivo del vaso de vidrio del primer capítulo. Recordemos que este proceso lo constituía todo el circuito de producción que comenzaba con la obtención de la arena y del resto de componentes naturales necesarios para la fabricación y terminaba con la venta del vaso al consumidor final, agregándose sucesivamente partes diferenciadas que transformaban las anteriores en una secuencia continua de acciones.

Sólo el ser humano tiene la capacidad de transformar los elementos de la naturaleza en elementos de uso y consumo mediante procesos de elaboración en los que la combinación del trabajo y los bienes de equipo dan forma a todos los productos finales que consume.

Este proceso de transformación de las materias primas naturales en productos de consumo es el resultado de la suma de pequeñas tareas que, realizadas de manera sucesiva, van dando valor a lo que en origen no lo tenía, convirtiendo de esa manera un mineral en un objeto, un animal en un alimento elaborado o una planta en una prenda de vestir. Cada tarea añade un poco de valor al producto final. Así, por ejemplo; el valor de la arena en la fábrica de vidrio es mayor que el valor de la arena en su origen porque alguien la ha extraído y transportado hasta la fábrica; y el valor del vaso elaborado es mayor que el de la arena en la fábrica porque alguien, utilizando los medios productivos de la fábrica, ha transformado la arena en un vaso; y el valor del vaso en la estantería del centro comercial es mayor que el del vaso en la fábrica porque alguien se ha ocupado de ponerlo ahí para que el consumidor final pueda cogerlo y comprarlo. Es una cadena de acciones humanas que configuran todo el entorno material que necesitamos individual y socialmente para sobrevivir y progresar.

Descrito el proceso de generación de valor en la producción como una suma de tareas, podemos definir cada una de esas tareas como un elemento o una unidad del valor total del producto final en el que actúan conjuntamente los dos integrantes esenciales del proceso productivo: el trabajo y la inversión. El primero, obviamente, aportado por el trabajador, y la segunda por el empresario en forma de infraestructura industrial (bienes de equipo o producción, instalaciones, etc.).

Cada vez que un empresario asume un coste para la producción de un bien está incrementando el valor del mismo, y cada vez que un trabajador utiliza su tiempo y su habilidad física e intelectual en esa misma producción también lo incrementa.

Con independencia de la acción que el Estado pueda ejercer directamente sobre el valor de la producción con la aplicación de los impuestos, o indirectamente con la creación de infraestructura pública (líneas de ferrocarriles, carreteras, puertos industriales…), los únicos agentes que generan valor en el proceso productivo son los empresarios y los trabajadores y, por lo tanto, a ellos les corresponde su reparto.

Este reparto, entendido de forma racional, es el que siempre ha permitido el progreso del sistema capitalista, sin embargo, en la actualidad el afán desmedido del sector empresarial por acaparar todo el valor generado en la producción de bienes y servicios está produciendo en él grandes desequilibrios que están poniendo en riesgo la propia continuidad del sistema.

Para conseguir la mayor parte posible del valor de la producción los empresarios se están valiendo de instrumentos que debilitan la acción de los trabajadores en el proceso productivo y reducen su participación en la distribución de dicho valor. Son un conjunto de soluciones nacidas de la creatividad empresarial y, sobre todo, de la de sus directivos y equipos, cuya única finalidad es conseguir los máximos beneficios monetarios y laborales.

Analizar estos instrumentos y sus efectos exige diferenciar las acciones ejecutadas en las tres fases principales del proceso de producción:

- La extracción de las materias primas.
- La elaboración del producto.
- La distribución y venta.

Veamos ahora cómo se distribuye el valor en cada una de las fases.

La extracción de las materias primas.

Es la fase que se encuadra dentro del sector primario. Se trata, como sabemos, de la obtención de los elementos básicos que configuran cualquier objeto de consumo. Pueden ser de origen mineral, animal o vegetal y, aunque todos sean recursos naturales del planeta, su proceso de obtención viene marcado por el lugar donde se realiza. Así, debemos diferenciar dos producciones con características muy distintas: la del primer y la del tercer mundo:

- El primer mundo.

  La producción en el primer mundo toma la forma de la industria habitual del sector secundario. La realizan empresas que en poco o en nada se diferencian en su funcionamiento de cualquier otra empresa del sector secundario o industrial, por eso el análisis sobre el reparto del valor en ellas podemos aplazarlo hasta esa fase del proceso productivo.

  No obstante, por distinta, requiere una mención especial la posición del pequeño y mediano productor agrícola, ganadero y pesquero. La situación de este tipo de empresarios es una de las más paradójicas del capitalismo porque los efectos de su actividad contradicen uno de los principios del sistema.

  El capitalismo siempre se ha caracterizado por poner en valor la relación riesgo-beneficio como forma para premiar a los más valientes, es decir, cuanto más riesgo de pérdida asume un empresario o un inversor en la apuesta por un proyecto, más capacidad debe tener para obtener rentabilidad de él si el proyecto se viabiliza.

  Curiosamente esta premisa no se cumple en los sectores mencionados. El pequeño empresario agricultor, ganadero o pesquero asume todos los riesgos de la producción y genera casi todo su valor, sin embargo, la parte más grande del beneficio obtenido por ese valor se lo apropian los empresarios que actúan como intermediarios entre los productores y los compradores.

  Los agricultores, ganaderos y pescadores asumen los riesgos y los costes de las cosechas, de la crianza del ganado y de la pesca, pero los que se llevan el mayor montante del precio de venta son los empresarios que simplemente distribuyen y venden los productos, sometiendo además, en la mayoría de las ocasiones, a los productores al imperio de sus precios. En estos casos los empresarios productores se convierten en una especie de trabajadores a sueldo de los distribuidores con unas nóminas que estos últimos fijan a su antojo.

El sector primario de la minería y del gran empresario agrícola, ganadero y pesquero, como dijimos, poco tienen que ver con esta situación ya que su actividad se enmarca dentro de una dinámica de funcionamiento pareja a la de cualquier empresa del sector secundario.

- El tercer mundo.

En el tercer mundo este tipo de producción primaria se vincula a fórmulas de trabajo intensivas en mano de obra que acostumbran a explotar al ser humano hasta extremos cercanos a la esclavitud.

Los métodos de trabajo y las fórmulas para la obtención de las producciones van desde la acción directa de empresas multinacionales que extraen con sus propios medios los recursos de estos países con una impunidad total en las formas, hasta la simple compra de las producciones locales con métodos de dudosa legalidad y, desde luego, nula conciencia.

Todos conocemos los efectos que las actividades empresariales del primer mundo tienen sobre el tercero. La explotación de los bosques tropicales, el empobrecimiento de las tierras con monocultivos de interés occidental, el hacinamiento de personas en explotaciones donde las seguridad y las condiciones de trabajo son la última preocupación, la financiación de guerrillas fanáticas para la extracción de minerales a bajos costes, son ejemplos de los efectos y métodos utilizados por las empresas occidentales para esquilmar las riquezas naturales del tercer mundo.

La relación empresario-trabajador en estos países y en esta fase del proceso productivo es, sin duda, la forma más nefasta que tiene el capitalismo de apropiarse del valor de la producción. El trabajador se convierte casi en un esclavo obligado a trabajar en las peores condiciones y por salarios que malamente alcanzan la subsistencia alimentaria.

Al capitalismo le conviene la supervivencia de este sistema y para ello no duda en mantener a gobiernos dictatoriales y corruptos que garanticen la permanente miseria de estos Estados. Son el ejemplo más crudo de lo que el sistema es capaz de hacer en la búsqueda del máximo beneficio, y precisamente, lo que todos debemos esforzarnos en frenar, no sólo para corregir la situación en el tercer mundo, sino para impedir que esa manera de actuar, reflejo de la más absoluta inhumanidad, se traslade a nuestros Estados.

Podemos creernos ajenos a este tipo de acciones dentro de nuestras fronteras, sin embargo, que a nosotros también nos pueda pasar lo mismo sólo depende de la fortaleza social de los Estados que nos cobijan, por eso debemos darnos cuenta de que cada vez que nuestros gobiernos ceden terreno a las irracionales pretensiones empresariales realmente lo que están haciendo es acercamos a ese sur de miserias capitalistas.

La elaboración de los productos.

Es la segunda gran fase del proceso productivo y engloba a todo el sector industrial. En ella se realiza la transformación de las materias primas en objetos de consumo y se genera la parte más importante del valor de cualquier producto.

Es la fase que siempre ha dado más sentido al vínculo empresario-trabajador como motor de la producción debido a que es donde el producto toma forma y, por lo tanto, donde más se aprecia su creación.

Precisamente por la importancia que tiene esta fase en la generación del valor es por lo que los empresarios han puesto más interés en crear instrumentos operativos que les permitieran apartar a los trabajadores de ella, reduciendo su presencia en todas las tareas que la componen.

Estos instrumentos ya los conocemos de páginas anteriores pero es necesario recordarlos para analizarlos ahora desde esta nueva perspectiva de reparto del valor. Me refiero naturalmente al traslado de la producción industrial a países con bajos costes laborales y a la robotización de los procesos de trabajo. Estos son, sin duda, los dos instrumentos más importantes de destrucción del tradicional sistema de reparto de la riqueza generada en la producción. Eliminan al trabajador del proceso con más eficacia que ningún otro mecanismo y destruyen su derecho a participar en el valor de lo producido abocándolo a quedarse en el margen del sistema casi como un mero testigo de él.

Aunque se puede establecer una relación directa entre esta pérdida de participación en la generación de valor con la pérdida del poder adquisitivo de los trabajadores derivada de la reducción de sus salarios, la primera relación tiene connotaciones que van más allá de la segunda. El trabajador no sólo sufre la reducción de ingresos por quedar excluido del sistema productivo sino que, como individuo, sufre la pérdida de su percepción de valía social. El parado, aunque esté recibiendo una prestación por desempleo que le permita su subsistencia, padece la lacra de la inutilidad social derivada de su exclusión del proceso de producción.

Sé que muchos no estaréis de acuerdo con esta última afirmación porque conoceréis a alguien en esta situación y que no aparenta sufrir este sentimiento de inutilidad social, sin embargo, en mayor o menor medida dependiendo del individuo de que se trate, todos necesitamos sentirnos ligados a alguna actividad que nos acerque a la sociedad en la que vivimos y nos permita la realización personal suficiente para no perder nuestra autoestima. De la misma manera que muchas personas al llegar el momento de su jubilación entran en profundos procesos depresivos derivados de su inactividad, a los trabajadores en edad laboral que se ven apartados de toda actividad productiva puede ocurrirles lo mismo y con el agravante además de que el desempleo es un estigma social de gran peso psicológico. Supongo que los parados entenderán mejor esta afirmación.

La distribución y venta.

La distribución y venta al consumidor final o, lo que es lo mismo, la fase comercial del proceso productivo, ya sea realizada por el propio empresario fabricante del producto o por otro empresario especializado en esta función, crea una relación empresario-trabajador diferente a la de las dos fases anteriores. El valor añadido al proceso productivo ahora no procede de la suma de las transformaciones realizadas en el producto para convertirlo en un objeto de consumo, sino de las acciones necesarias para acercar el producto al consumidor.

Esta diferenciación de elementos ha provocado que los empresarios que desarrollan su actividad en esta fase del proceso hayan tenido que buscar nuevas formas de reducción de costes laborales distintas de las aplicadas por el resto de empresarios.

Las dos soluciones de apropiación del valor añadido utilizadas en la fase anterior: la externalización de la producción y la automatización del proceso de elaboración, ahora toman una forma distinta y se transforman en la venta por internet y en el Self-Service. La primera aleja el punto de venta de los productos de sus consumidores finales situándolo en cualquier lugar del mundo, y la segunda elimina a las personas que se relacionaban con este consumidor para convertirlo a él en autogestor directo de sus compras en los establecimientos y puntos de ventas.

Ya hemos visto que la venta de productos por internet reduce la actividad de los establecimientos comerciales tradicionales y provoca que muchos trabajadores ligados a este sector queden excluidos del sistema productivo, perdiendo con ello su derecho a participar en el reparto del valor final. El empresario comercial de internet elimina del proceso de venta tanto el trabajo de atención personal al cliente, como el trabajo necesario para el mantenimiento de los centros de venta, quedándose únicamente con costes laborales derivados de la logística necesaria para la distribución del producto, logística que, por otro lado, es fácilmente realizable con la externalización o subcontratación del servicio. Cualquiera desde su casa, garaje o almacén puede vender un producto con el único coste de intermediación que el de una empresa de transporte rápido de las que tanto han prosperado precisamente al amparo de este tipo de comercio.

Como factor adicional sobre la economía y el reparto del valor, me gustaría destacar también el efecto que la comercialización por internet tiene sobre la tributación empresarial. Las regulaciones y controles impositivos que realizan los Estados en este tipo de actividad son muy ineficientes o, en muchos casos, nulos, lo que les permite obtener a los empresarios un mayor nivel de beneficios. Este efecto es tanto mayor cuanto más grande sea la empresa o más pertenezca al ámbito internacional, como así demuestran las ridículas cifras de tributación que presentan las grandes multinacionales del sector.

En cuanto al Self-Service o al "sírvase usted mismo" como fórmula de apropiación empresarial del valor y de exclusión del trabajador del proceso productivo, no debemos pensar sólo en las máquinas expendedoras de productos con diferente calado comercial según países y culturas (en nuestro mercado no tienen un significado relevante, pero en países como Japón la situación es totalmente diferente), sino en la utilización cada vez menos intensiva de trabajadores de un sector dominado por las grandes superficies.

Excepto honrosas excepciones, el comercio de estas grandes superficies utiliza un número muy bajo de empleados en funciones de venta directa y, a la vez, también busca la reducción de las plantillas en el resto de tareas (transporte, carga y descarga, almacenaje, control, etc.).

De nuevo nos encontramos con dos formulas eficaces para conseguir el objetivo empresarial de sacar al trabajador del sistema. Desde luego la primera es más efectiva que la segunda pero cualquiera de las dos cumple holgadamente su finalidad.

<u>**Valoración.**</u>

Desde el proceso artesanal puro donde cada fase de la producción era exclusiva de los hombres y sus herramientas manuales, hasta los más modernos procesos donde todas las fases las realizan las máquinas o robots, ha habido un largo camino en donde el empresario productor ha ido eliminando al trabajador de la cadena de producción para apropiarse de su parte de valor.

El empeño empresarial por cambiar la sucesión productiva tradicional: máquina → trabajador → máquina → trabajador…, por la moderna: máquina → máquina → máquina → máquina…, tiene la clara intención de eliminar al trabajador de la producción. La justificación de su ineficiencia en el proceso es una forma de descalificación del valor humano que convierte al trabajador en un intruso dentro de la producción.

Podemos constatar en el análisis de las tres fases del proceso productivo que el empresario pretende adueñarse progresivamente de la mayoría del valor generado en la producción quitándole al trabajador, de una forma que me atrevo a calificar de desmedida e irracional, la parte que siempre le ha correspondido de manera lógica.

En todas las fases nos hemos encontrado con fórmulas empresariales destinadas a eliminar el trabajo humano del sistema o, lo que es lo mismo, a eliminar al trabajador de la ecuación productiva, demostrando con ello que el empresario sólo entiende al trabajador como una rémora para sus intereses y no cómo una fuerza para su producción presente y su demanda futura.

Vemos que ya sea analizando la distribución de la riqueza como una forma de reparto del valor de la producción o como flujos de dinero entre bolsas de propietarios, llegamos a conclusiones análogas y que en ambos casos nos sitúan ante una escenario contradictorio en el que la ambición empresarial por el acaparamiento del valor o por la obtención del máximo beneficio está llevando al sistema a una vía muerta sin más recorrido que el que le puedan permitir los pocos recursos de consumo que le queden a los trabajadores.

Además, si a los instrumentos de exclusión de los trabajadores del proceso de creación de valor, le añadimos también la propensión del sistema a la reducción de los salarios, o lo que es lo mismo, si sumamos los efectos del despido de trabajadores con el del recorte descontrolado de los sueldos, entonces, es fácil darse cuenta que el agotamiento económico de la clase trabajadora puede acelerarse, acortando así de manera muy significativa el recorrido de esa vía muerta. Se trata de una supervivencia con caducidad, aunque con fecha indeterminada porque ésta dependerá de cada país y de la resistencia de sus trabajadores.

Todo esto nos lleva a darnos de bruces otra vez con el capitalismo fagocitador, el capitalismo capaz de acabar con aquello que lo sustenta con tal de satisfacer su sed de beneficios inmediatos, e incapaz por ello de formularse y responder a la cuestión más importante sobre su futuro: ¿para quién producirá si elimina al trabajador del sistema?

Volvemos a encontrarnos con la conocida rueda producción-consumo que, como sabemos, ninguna de las partes debería parar si desea garantizar su futuro y que, sin embargo, está siendo mal entendida por el sector empresarial. Es por eso por lo que nuevamente debemos apelar a la cordura de este sector para que modifique su forma de actuar y entienda que la sostenibilidad del sistema pasa por permitir que los trabajadores sigan formando parte estructural del proceso productivo porque toda producción es inútil sin el consumo de éstos. Esta es quizás la idea más recurrente de este libro pero que no me cansaré de repetir porque es a mi entender el fundamento de la paz y el progreso social.

El beneficio es la representación dineraria del valor añadido por el empresario a la producción y el salario es la del trabajador, y el equilibrio razonable entre ambos, como forma de reparto lógico del valor de lo producido, es lo que siempre ha garantizado el avance económico de las sociedades industriales. Para que esto siga siendo así, el capitalismo debe aceptar como un objetivo y no como una carga la redistribución de la riqueza, entendiendo racionalmente que es la única forma que tiene de conseguir su sostenibilidad.

La corrección de los desequilibrios del valor.

Para finalizar este capítulo me gustaría tratar una propuesta que está comenzando a oírse de muchas voces bien intencionadas como solución para la actual situación de empobrecimiento de la clase trabajadora generada por la incorrecta redistribución del valor. La solución planteada por estas voces no es otra que el reparto estatal de rentas ciudadanas, es decir, la distribución generalizada de rentas no vinculados al trabajo que todas las personas tendrían derecho a percibir libremente por su simple condición de ciudadanía nacional.

Desde luego se trata de una solución contundente al problema del reparto de la riqueza que resolvería de un plumazo la incertidumbre sobre el consumo futuro, ya que la mayor parte de esas rentas se destinaría directamente a gastos personales y familiares.

Sin embargo, con independencia del problema de financiación que seguramente tendría la implantación de esta medida, personalmente no soy partidario de su aplicación porque, como ya he manifestado, le reconozco al trabajo una finalidad que va más allá de la mera obtención de dinero para el consumo. El trabajo tiene una dimensión personal y social que afecta a la realización y autoestima del individuo, lo sitúa en su entorno como un miembro útil de la colectividad y le confiere la capacidad de superarse como persona.

Por otro lado, también me resulta difícil imaginarme la posibilidad de avanzar como especie y de seguir consiguiendo logros tan humanos como la ciencia, la tecnología, los derechos y la justicia, en una sociedad basada sólo en el ocio y el consumo, porque esos logros nacen precisamente del trabajo de todos.

De todas formas, aunque no defiendo el anterior planteamiento de dinero para todos sin esfuerzo productivo, si que soy partidario de otras dos formas de compensación del sistema.

- El mantenimiento permanente de los desempleados.

    El sistema, a través del Estado, debe mantener dignamente, y no sólo con carácter de subsistencia, a aquellos individuos que excluye y durante todo el tiempo que transcurra hasta que sea capaz de volverlos a integrar en el proceso productivo.

    El Estado debe responsabilizarse de todos los ciudadanos que estando en edad laboral no encuentran trabajo. Esta responsabilidad no debe circunscribirse solamente a su mantenimiento monetario, sino que debe extenderse a su recolocación laboral. Delegar esta última función en el propio desempleado o, en su caso, en empresas privadas de trabajo temporal (otro nuevo elemento de intermediación laboral que sólo contribuye al deterioro de la situación de los trabajadores) no resuelve el problema.

- La complementariedad de rentas.

    Allá donde la retribución salarial de un trabajador no alcance un mínimo legal razonable que le permita un nivel de vida coherente con el estado general de la sociedad, el Estado debería complementar dicha retribución. Así, si un trabajador tiene una ocupación que por tiempo o función no alcance ese mínimo salarial legal, el Estado tendría que complementarlo hasta alcanzarlo.

Si bien es cierto que determinados individuos de, denominémoslo, carácter pasivo, pueden encontrar satisfactoria la situación de inactividad laboral retribuida (circunstancia para la cual el Estado tendría que desarrollar los mecanismos de control y corrección), los trabajadores no deben ser considerados los responsables de su inactividad laboral. Por esta razón el Estado debe asumir la obligación de llegar allí donde no lo hace el sector empresarial cubriendo las necesidades económicas no satisfechas por éste.

La gran dificultad para la aplicación de estas medidas sería sin duda su financiación. Su viabilidad económica sólo es factible con la implicación del sector empresarial. Como ya hemos visto, es inviable intentar sostener presupuestariamente la implantación de soluciones para los desequilibrios socioeconómicos sólo con la financiación del sector social al que se busca favorecer, y naturalmente las dos propuestas anteriores corresponden a esa línea de soluciones. En estos casos, serían los trabajadores en paro y los infra-asalariados los beneficiarios de las medidas, por lo que no deberían ser el resto de trabajadores los que soportaran su coste económico. Como podemos suponer este coste debería recaer sobre el sector empresarial responsable de esas situaciones.

A muchos podrá parecerle injusta esta propuesta pero debemos recordar que el origen del desempleo y de los bajos salarios está en las medidas aplicadas por los empresarios y, por lo tanto, es lógico que el dinero para financiar las soluciones salga de ellos. En una sociedad donde los problemas de paro y precariedad salarial los provoca el exceso de acumulación de valor y los desmedidos beneficios empresariales, las soluciones no pueden sostenerse sobre el resto de trabajadores del sistema. Aquellos que generan los problemas deben responsabilizarse de sus consecuencias y cargar con los costes de las mismas.

Actualmente se comete el error de costear el pago de las prestaciones y ayudas al desempleo a través de las cotizaciones a la Seguridad Social, que no son más que recaudaciones estatales sobre los salarios que gravan al trabajador en un pequeño porcentaje pero, sobre todo, castigan al empresario empleador con cuotas muy elevadas. La filosofía que está detrás de esta práctica es que son estas cotizaciones las que dan derecho a todas las prestaciones que el trabajador va a poder recibir por las contingencias futuras del trabajo, es decir, lo que va a poder cobrar cuando no tenga empleo (por paro, enfermedad, invalidez, jubilación, etc.).

El problema de este tipo de financiación es que está cargando sobre el empresario que da trabajo el peso de un desempleo que nace de aquellos empresarios que incrementan sus beneficios precisamente por deshacerse de los trabajadores en su proceso productivo.

Pensemos en un hipotético país en donde sólo existieran 10 empresas dando trabajo a toda la población en edad activa, y cada una de ellas en la misma proporción (el 10% del total). Supongamos ahora que en un determinado momento 5 de esas empresas acometen modificaciones de sus sistemas de producción robotizando todos sus procesos y, como consecuencia, despidiendo a todos sus trabajadores. A partir de ese instante los empresarios que pagan las cotizaciones de los trabajadores que quedan en activo en ese país (la mitad del total inicial) pasan a hacerse cargo del pago del desempleo de todos los trabajadores despedidos por los otros 5 empresarios (la otra mitad de los trabajadores iniciales), y todo ello fruto de una situación sobrevenida de la que no son responsables. Mientras tanto, esos 5 empresarios que han despedido a sus trabajadores y, por lo tanto, provocado el problema del desempleo en el Estado, quedan libres de cualquier responsabilidad de pago y centrados únicamente en la obtención de unos beneficios que no van a ser afectados impositivamente ni de ninguna otra manera. Es decir, son el origen del problema y quedan desvinculados del coste de su reparación.

Por esta razón creo que la recaudación necesaria para la aplicación de las medidas propuestas debería obtenerse mediante impuestos sobre los beneficios de las empresas que despiden trabajadores, y no sobre las cotizaciones salariales de las empresas que dan trabajo.

Naturalmente, para llevar a cabo todo esto sería necesario que los Estados tuvieran una capacidad de control real sobre la economía que les permitieran poder aplicar soluciones impositivas del suficiente calado como para que los presupuestos públicos tuvieran un carácter realmente social y no fueran, como en la actualidad, un mero instrumento de los intereses de las cúpulas económicas.

La actual posición de impunidad tributaria empresarial que están adoptando la mayoría de los Estados reduce la capacidad de establecer medidas de equilibrio económico que permitan alcanzar la justicia social necesaria para la continuidad del sistema.

CAPÍTULO V

PONGAMOS LOS PIES SOBRE LA TIERRA

Hasta ahora en el desarrollo de todas las reflexiones y conclusiones que hemos extraído siempre ha estado implícitamente presente la suposición de que el consumo y la producción eran dos elementos sin límites, es decir, que podíamos hacer uso de ellos sin más restricciones que la capacidad humana para producir y consumir, sin embargo, la realidad es otra muy diferente.

El planeta no puede estirar sus recursos hasta el infinito o hasta que nuestra voluntad se lo ordene porque, aunque nos creamos los reyes de la creación y que todo lo que hay en él nos pertenece como especie dominante que somos, sus recursos son limitados y su duración dependerá de la intensidad con la que los utilicemos.

Los seres humanos comenzamos nuestro camino como especie adaptándonos al entorno en el que vivíamos gradualmente y de esa manera evolucionamos durante milenios sabiendo conservar el equilibrio entre lo que la naturaleza nos ofrecía y lo que cogíamos de ella. El problema ha surgido cuando hemos querido pasar de adaptarnos al entorno, a adaptar el entorno a nosotros.

Empezamos a ser testigos de la incapacidad que tiene nuestro planeta de generar los recursos suficientes para mantener nuestros niveles de producción y consumo actuales.

No se trata solamente de que, como hemos comentado en capítulos anteriores, nuestro consumo haya aumentado exponencialmente por diversos factores como, recordemos: disponer de dinero a crédito, la aparición de nuevos productos, la tendencia social a relacionar tener con ser, etc., sino del aumento demográfico del consumo. Naturalmente todos tenemos derecho a consumir y no sólo, como hasta hace pocos años, los privilegiados del primer mundo.

La rueda producción-consumo que fundamenta el capitalismo, lejos de moverse por un camino llano como habíamos supuesto hasta ahora, ha de moverse por una cuesta de pendiente cada vez más acusada marcada por la creciente escasez de materias primas. No caben más soluciones que levantar el pie del acelerador y reducir la velocidad de nuestro consumo actual y buscar nuevos caminos más llanos y menos exigentes con los recursos naturales.

Además, el peligro no está sólo en vaciar nuestra despensa, sino en tenerla descuidada y sucia. No nos basta con agotar el planeta, también somos los responsables de contaminarlo con la basura que generamos cuando producimos y consumimos. Es una basura de la que todos somos responsables al habernos dejado llevar por una especie de Síndrome de Diógenes colectivo que ha acabado convirtiéndose en una auténtica patología social.

Esa basura tiene tres orígenes diferentes:

- Los productos residuales de la producción industrial.

  Abarcan desde los pesticidas de la agricultura moderna hasta los vertidos tóxicos de las industrias petroquímicas, y constituyen uno de los problemas más serios de contaminación de la cadena trófica. Es un curioso caso de respuesta irónica de la naturaleza a nuestra conducta porque sembramos de basura química nuestro entorno y nuestro entorno nos alimenta con ella.

- Los productos residuales de la producción energética.

  Es la contaminación generada por los desechos de los sistemas que utilizamos para obtener la mayor parte de la energía que consumimos: la combustión del petróleo, carbón y gas natural (los combustibles fósiles), y la fisión nuclear (la energía atómica). La contaminación producida por los primeros es la mayor responsable del cambio climático y la de la segunda es la de efectos más impredecibles por su longevidad (miles de años) y especial nocividad sobre todos los seres vivos (mortandad directa, enfermedades, mutaciones, etc.).

- Los productos residuales del consumo.

  Es la basura que generamos a diario cada uno de nosotros y que de manera agregada supone mundialmente millones de toneladas de productos que pasan a formar parte directa del medio ambiente. Son productos que en su mayoría no se recuperan para segundos usos y que toman la forma de contaminación en sus tres estados: gaseosa, líquida y sólida.

  No debemos pensar que esta basura sólo la forman los desperdicios orgánicos y envases que arrojamos al contenedor. Los residuos del consumo son la ropa que tiramos, los electrodomésticos que sustituimos, los equipos electrónicos que consideramos obsoletos y en general todo aquello que desechamos sin venderlo ni regalarlo para que alguien pueda seguir utilizándolo y, además de esto, todo lo que utilizamos a diario y que tiene un efecto químico sobre el medio ambiente (el combustible de nuestros automóviles, los productos de limpieza, los cosméticos, los insecticidas, etc.).

En definitiva, cada uno de nosotros es una pequeña fábrica de polución con unos efectos directos sobre la naturaleza vinculados a nuestro particular consumo industrial y energético, es decir, cuanto más productos industriales y energía consumimos más nocivos somos para nuestro entorno.

Realmente podemos calificar de locura extrema lo que estamos haciendo con nuestro mundo. Desde el empresario con menos escrúpulos de la industria petroquímica hasta cualquiera de nosotros, todos, sin excepción, contribuimos en mayor o menor medida a la degradación del planeta aportando dosis de contaminación asociadas a nuestras actividades y estilos de vidas.

El cambio climático.

Aunque he dicho que el mayor factor del cambio climático es la contaminación atmosférica producida por los combustibles fósiles, también el resto de productos residuales contribuyen a generarlo. Ciertos tipos de fertilizantes agrícolas, el desarrollo de la ganadería intensiva, los productos generadores de gases CFCs y algunos de sus sustitos, o determinados elementos utilizados en la industria cosmética y farmacéutica son ejemplos de productos y actividades que también aceleran el cambio climático.

Podría hacer referencia a innumerables artículos científicos en los que se relacionan sin ningún género de dudas la contaminación que generamos con los cambios climáticos del planeta, pero me parece suficiente con que nos asomemos a la ventana y constatemos las extrañas floraciones de las plantas y los árboles, las anormales migraciones de las aves, o las inusuales temperaturas en según qué fechas.

Algunos niegan las consecuencias que la contaminación está teniendo en nuestro planeta, curiosamente los mismos que pretenden poner muros en las fronteras para evitar los desplazamientos demográficos que saben que son, y cada vez más, consecuencia de los cambios climáticos provocados por esa contaminación.

La secuencia que relaciona ambos extremos podríamos resumirla de la siguiente manera:

El cambio climático destruye cosechas y genera hambre en los países del sur, históricamente de alta dependencia agrícola → Las familias escapan del hambre y de la muerte que ésta va dejando a su paso buscando refugio en las ciudades más cercanas → Estas ciudades acosadas por las sucesivas avalanchas humanas llenan sus suburbios de miseria y, lo que es peor, de más muerte → Se inicia entonces un nuevo éxodo pero ahora, como una vez le oí decir a un misionero, hacia esos sitios del norte que la gente ha visto en las televisiones por satélite y que se presentan como la única esperanza de un mundo mejor → El éxodo añade al sufrimiento ya existente por el hambre: la exploración, las guerrillas sangrientas, las violaciones, las torturas y hasta la esclavitud, y sigue llenando los caminos de más muertos → Estos nuevos sufrimientos del camino espolean todavía más el deseo de dejar atrás estas tierras y de alcanzar el ansiado norte → Finalmente, los que consiguen llegar a las fronteras se lanzan a saltar sus muros de mar, cemento y alambradas → Muchos se quedan en esos muros y los que consiguen pasarlos creyendo estar ya salvados sólo encuentran la repatriación a sus lugares de origen o, en el mejor de los casos, el rechazo social de quienes no los entienden: nosotros. Nosotros, los mismos que estamos detrás del hambre que les hizo salir de sus casas y que, por lo tanto, somos el origen de sus penalidades.

Se cierra así un extraño círculo de irracionalidad, un círculo de sufrimiento que nace y muere en nosotros por culpa de nuestra forma de vida cerrada en nosotros mismos y que alimentamos todos los días con la indiferencia que mostramos frente a los demás.

Sectores empresariales enteros gastan cientos de millones de euros en la negación del cambio climático. Financian a grupos de seudocientíficos para que realicen estudios que contradigan a aquellos que advierten de la peligrosidad del fenómeno para poder esgrimirlos después como argumentos en los medios de comunicación y en la voz de determinados personajes públicos que, previo cobro del servicio, niegan cualquier vinculación entre lo que está pasando en el clima y nuestra vorágine productiva y consumista.

Nuestra historia reciente está plagada de casos en los que determinados grupos empresariales fabricantes de productos nocivos o que tenían procesos de producción altamente contaminantes han intentado aplicar siempre la misma estrategia defensiva: negar el hecho para retrasar la adopción de medidas prohibitivas y correctoras. Baste recordar casos probados como el tabaco, el amianto, los pesticidas o algunos medicamentos, y otros como la telefonía móvil o los productos transgénicos que todavía siguen negando sus efectos sobre la salud pública. Pues bien, si todas estas industrias han luchado y luchan denodadamente para defender sus productos ¿qué no estarán dispuestos a hacer y negar los tradicionales y todopoderosos sectores energéticos y petroquímicos para mantener sus producciones?

El consumo y la producción tal y como los entendemos en la actualidad son insostenibles y ahondar en más argumentos que justifiquen este hecho sólo conseguiría convertir el capítulo en una repetitiva defensa de una evidencia que sólo pueden querer negar los directamente interesados en su continuidad.

Realmente en este sentido creo que lo importante no es constatar un futuro más que cierto, sino reflexionar sobre lo que deberíamos hacer para evitar el descalabro hacia el que nos dirigimos o, por lo menos, intentar frenarlo.

Como vemos, es un problema tanto de consumo abusivo como de producción descontrolada, y por eso será en estos dos factores en los que tendremos que actuar si queremos corregir sus destructivos efectos sobre nuestro planeta.

Factores que incrementan la producción.

Ya hemos tratado directa o indirectamente todos los factores que inciden sobre el incremento de la producción mundial pero ahora intentaremos concretarlos para ver el efecto particular que ha tenido de cada uno de ellos en el aumento de la producción de las últimas décadas.

- La búsqueda obsesiva del máximo beneficio.

- La globalización.

- La robótica.

- La obsolescencia programada de los productos.

La búsqueda obsesiva del máximo beneficio.

Este es el factor que está en la base del resto. El afán empresarial por lograr beneficios cada vez más elevados y, a la vez, más rápidos ha provocado la necesidad de incrementar las producciones para poder aumentar el número de unidades vendidas y con ellas los beneficios obtenidos.

La mayoría de las empresas ya no fijan objetivos de producción y venta con periodicidad anual, los planes se establecen ahora de manera semestral, trimestral o, incluso, mensual buscando someter a las plantillas a la mayor presión laboral posible para satisfacer la insaciable sed de beneficios de los empresarios y de sus equipos directivos.

No hay trabajo más fácil que el de la Dirección General o el de los Consejos de Administración de cualquier empresa marcando objetivos productivos y comerciales: sólo se trata de mandar que otros hagan lo que a ellos se les ocurra. Se fija un número de producción y venta, obviamente más alto que el del periodo anterior y: "hágase lo que se ordena". Desde la distancia que da la jerarquía de mando, el crecimiento siempre se impone a la sostenibilidad, y la búsqueda mercenaria del beneficio continuado acostumbra a ser la prioridad en todo momento aunque siempre amparada en el esfuerzo de otros.

Ya hemos visto que el capitalismo adolece de una preocupante miopía que le impide mirar más allá del corto o, como mucho, el medio plazo. Siempre se busca el máximo beneficio sin que nadie se pare a analizar cuáles serán en el futuro las consecuencias de actuar sólo con ese objetivo.

Constatamos en los capítulos anteriores que la búsqueda de ese máximo beneficio no es aconsejable para la supervivencia del propio capitalismo ni tan siquiera en contextos donde no se tienen en cuenta la limitación de los recursos productivos. Imaginémonos entonces esa misma supervivencia pero sabiendo ahora que tanto la limitación de los recursos, como la acción contaminante de las actuales formas de producción juegan en contra de ella. Naturalmente la vida del capitalismo se acorta todavía más, y algunos procesos que nos habíamos imaginado posibles, como el incremento de la demanda de los países en vías de desarrollo hasta llegar a situarse por encima de la de los países occidentales, es probable que ni tan siquiera tengan tiempo de llegar a producirse.

La globalización.

La propia globalización es sin duda un mecanismo que potencia la producción. Derivar los procesos productivos hacia países que ofrecen la posibilidad de someter a los trabajadores a una mayor explotación permite conseguir unos volúmenes de producción mucho mayores que los que se pueden alcanzar en otros países con derechos laborales medianamente racionales.

Producir en los países nacidos al capitalismo con la globalización supone, además de producir con costes salariales muy bajos, producir más horas diarias y más días a la semana, sin pausas ni descansos, y en situaciones de constante presión laboral para alcanzar cualquier volumen de pedidos que se solicite.

A estos factores laborales también hay que unirles las ventajas que ofrecen estos países en otros aspectos de la producción. La escasa o nula legislación sobre contaminación, la libertad para la utilización de productos prohibidos en otros lugares, los bajos niveles de responsabilidad corporativa, o la adecuación de cualquier entorno a la actividad productiva sin importar las consecuencias medioambientales que puedan tener son ejemplos de las facilidades que se le concede a la producción en estos países.

Lógicamente con semejantes condiciones de trabajo y producción los volúmenes de fabricación se incrementan exponencialmente haciendo posible inundar los mercados con productos de bajo coste. Al fin y al cabo, la finalidad de la globalización era precisamente esa: fabricar mucho y barato en países pobres para después vender lo máximo posible en los países ricos.

La robótica.

La robótica es otro factor que se repite en nuestros análisis, pero en este caso no vamos a poner la atención en el evidente incremento de producción que se consigue con su incorporación a cualquier proceso de fabricación, sino en la variedad de productos que permite obtener.

Desde que Henry Ford, el padre de las cadenas de producción modernas, dijera su conocida frase: *"cualquier cliente puede tener un coche pintado de cualquier color que quiera siempre y cuando sea negro",* hasta el momento actual en el que podemos pedir cualquier coche totalmente personalizado. Los procesos productivos han experimentado gracias a la robótica tal grado de adaptabilidad que permiten multiplicar por mil la capacidad de ofertar nuevos productos a los consumidores. El abanico de modelos, versiones y opciones ofrecidas de un mismo producto se ha hecho tan grande que ha significado a nivel de volúmenes de fabricación casi lo mismo que haber creado nuevos productos totalmente distintos.

Volviendo una vez más a hacer uso de la capacidad retrospectiva que me permite la edad, recuerdo lo simple que era comprar hace unas décadas cuando las posibilidades de elección de cualquier producto se contaban con los dedos de una mano. Actualmente, por el contrario, comprar se convierte en un ejercicio selectivo que en ocasiones nos lleva incluso a investigar sobre los códigos concretos de los productos para averiguar sus características, las referencias de los fabricantes o las opiniones de otros compradores.

Antes si queríamos un yogurt todas las marcas nos ofrecían lo mismo: el natural (sin opciones) y algunos con sabores (fresa, limón, plátano y piña), sin embargo, hoy cada marca nos sitúa ante catálogo interminable de variantes (con bífidus, sin lactosa, con azúcar, para el colesterol, desnatados, bebibles, griegos, con frutas...). Con esta dispersión los fabricantes consiguen ampliar sus posibilidades de venta y enganchar más fácilmente a su marca al consumidor dudoso porque éste tiene una gama amplísima de opciones entre las que puede elegir para encontrar el producto que realmente le satisfaga. Cuando sólo teníamos unas pocas alternativas, si no nos gustaba ninguna la única solución era probar con otra marca, mientras que ahora las posibilidades de quedarnos como consumidores fieles a un determinado fabricante son mucho mayores. Si no nos gusta el natural desnatado, nos gustará el semidesnatado azucarado o cualquier otro, pero lo importante es que compremos un producto de la marca X y que esa marca entre a formar parte de nuestro consumo presente y futuro.

Lo mismo que pasa con un simple yogurt se repite con todos los productos. Un catálogo de todos los vehículos existentes en el mercado de hace treinta años era tan extenso como el que hoy en día puede llegar a ofrecer alguna marca sólo con sus modelos y versiones, y si nos arrimamos al sector de la electrónica entonces la casuística se multiplica por cien.

La dispersión en la oferta de productos que permite la robótica incrementa las posibilidades de consumo, pero, naturalmente, eso también supone el incremento de la producción y los stocks necesarios para satisfacer adecuadamente ese consumo. No es lo mismo tener que abastecer la estantería de un supermercado con una gama de cinco productos que con una de veinticinco. Las necesidades de producción se multiplican con la dispersión del catálogo de productos que ofrece cada empresa.

Constatamos, por lo tanto, que la robótica no sólo ha hecho posible el incremento de la fabricación de un producto concreto, sino que ha posibilitado el crecimiento de la gama que puede fabricar una misma empresa, aumentando con ello su producción total.

La obsolescencia programada de los productos.

Cada vez oímos y leemos más cosas sobre este artificio de la producción, que consiste básicamente en delimitar la vida útil de un producto fijando en su proceso productivo el número máximo de usos que va a permitir o directamente el tiempo que va a durar. La electrónica ha facilitado muchísimo esta artimaña productiva aunque también se consiguen por otros medios más difíciles de detectar como la durabilidad de los materiales con los que se fabrica.

Se trata de una de las maquinaciones más lucrativas y, a la vez, detestables del sistema capitalista que nace de nuevo de la irrefrenable ansia empresarial por el beneficio rápido y seguro, y que, además, se ha visto potenciada por la falta de regulación legislativa y control de la mayoría de los países.

Reducir la vida útil de los productos no sólo consume los recursos naturales con mayor velocidad, sino que inunda el planeta de los residuos procedentes tanto de las nuevas producciones que sustituyen a las obsoletas (la contaminación implícita en todo proceso de fabricación), como de los propios productos obsoletos que acaban tirados en los basureros del primer y, sobre todo, tercer mundo.

Factores que incrementan el consumo

Es obvio que en la base de la destrucción del planeta está nuestro exagerado consumo personal, un consumo que se ha visto potenciado por toda una serie de nuevos factores de índole social y mercantil que han llevado nuestros deseos de compra y posesión muy por encima de nuestras necesidades reales. Como en el caso de la producción, ya los hemos visto todos en mayor o menor medida, pero ahora debemos analizarlos específicamente para comprobar de qué forma afecta cada uno de ellos al incremento tan exponencial que ha experimentado nuestro consumo. Son los factores que definen la que denominábamos: propensión al consumo.

- Los nuevos consumos.

- La obsolescencia del consumo.

- El tener como forma de ser.

- El acceso fácil al crédito.

- La acción del marketing.

Los nuevos consumos.

En el apartado anterior vimos que la robótica ha permitido diversificar las gamas de productos que pueden fabricar los empresarios, y que esto facilitaba enganchar a los consumidores a las marcas al poder ofrecerles más productos para satisfacer mejor sus preferencias.

Cada una de las variantes de un mismo producto y cada nuevo producto o servicio nacido de la creatividad empresarial es un potencial nuevo consumo destinado a incrementar nuestro gasto y nuestra dependencia de compra, y es precisamente esa dependencia la que actualmente le da viabilidad a un producto en el mercado o lo condena a su desaparición. En otros términos, podemos decir que el triunfo de un producto va ligado al grado de necesidad que consiga obtener del consumidor.

Antes el grado de necesidad de un producto lo marcaba su relación con la sostenibilidad vital de las personas. Es decir, todos los productos vinculados a las necesidades elementales del ser humano como la alimentación, la ropa, la energía o la vivienda eran los que se entendían como productos de primera necesidad, y el resto de productos vinculados a la capacidad de renta y preferencias de los individuos se definían como de segunda o tercera necesidad. Sin embargo, hoy en día la calificación de necesidades no se adapta a este esquema. La aparición de tantos nuevos y diferentes productos de consumo ha ligado la jerarquización de las necesidades al "yonquismo" particular de cada persona por un producto concreto.

Todos somos testigos, por ejemplo, de cómo los productos tecnológicos, que por lógica deberían quedar desplazados en el rango de necesidades, han escalado posiciones hasta convertirse en indispensables para muchos de nosotros. El ejemplo más claro quizás sea el teléfono móvil, que se ha hecho tan importante en nuestras vidas que preferimos dejar de pagar el recibo de la hipoteca antes que el de la compañía telefónica. No obstante, la variedad de productos que han alcanzado la categoría de primera necesidad es muy amplia.

A la hora de establecer prioridades de gasto unos anteponen ir a la moda a tener una buena alimentación, otros comprar el último videojuego a gastar en relaciones sociales, y algunos, incluso, tener televisión por cable a tener calefacción. Las preferencias personales son las que determinan el rango de necesidades de cada individuo, lo que hace imposible una catalogación general de bienes de primera, segunda y tercera necesidad. Esta circunstancia determina que sea el enganche que cada nuevo producto consiga en el consumo personal el que delimite su rango de prioridad y con ello su alta o baja demanda.

Los nuevos productos han dispersado tanto los hábitos de consumo que han conseguido modificar nuestra percepción de necesidad, llegando a convertir en indispensables elementos que hace años no hubiésemos sospechado que pudieran llegar a serlo.

La obsolescencia del consumo.

Tanta o más preocupación que la obsolescencia programada comentada en el apartado anterior debería provocarnos nuestros propios actos de obsolescencia.

La moda, la obsesión por la última versión 100.0 (que cada vez tarda menos en aparecer) y el rápido aburrimiento que nos produce lo que ya tenemos, nos lleva a hacer obsoletos y desechar productos que funcionan y cumplen perfectamente su finalidad.

Se trata, por lo tanto, de una obsolescencia de mayor velocidad que la programada por los fabricantes porque ni tan siquiera esperamos a que ésta pueda afectarle al producto para que nosotros mismos declaremos dicho producto como obsoleto, es decir, antes de que un producto deje de funcionar o valer para su función nosotros ya nos hemos deshecho de él.

Afortunadamente se está imponiendo la costumbre de vender lo que no queremos, con lo que de esa manera podemos alargar un poco más la vida útil de un objeto y paliar en cierta medida el efecto de este factor incremental del consumo, pero aún así, esto no evita que el que vende demande un nuevo producto para reemplazar al que vendió y que, por lo tanto, fomente con ello la producción.

Esta obsolescencia del consumo demuestra que no sólo son los empresarios los responsables de reducir la vida útil de los productos, sino que nosotros, sus consumidores, todavía tenemos mayor culpabilidad porque acortamos más que nadie el ciclo natural de uso.

El tener como forma de ser.

Ésta es una frase que ya he utilizado anteriormente y que ahora me gustaría concretar.

Históricamente podemos constatar que forma parte de nuestra expresión humana relacionar el estatus personal con la tenencia de cosas. La posesión de bienes siempre nos ha marcado como especie y, a pesar de que hay otros casos en el reino animal donde la posesión de objetos también se da (generalmente como parte de simples rituales de apareamiento), somos la única de esas especies que necesita de la ostentación de propiedades para demostrar el escalón social en el que se sitúa cada individuo.

Asimilamos tener cosas con ser socialmente considerados, e identificamos alcanzar un nivel personal en la escala social con la necesidad de mostrarle a la sociedad nuestros bienes y posesiones.

Esta necesidad de poseer cosas para demostrar quiénes somos y el puesto que ocupamos tiene actualmente mucha más fuerza porque nuestra vida social ya no se circunscribe sólo a nuestro entorno físico inmediato, sino que se extiende hasta donde nos quieran llevar internet y sus redes sociales. Ahora no sólo necesitamos demostrar quienes somos a nuestros vecinos, conocidos, amigos y familiares, ahora también necesitamos demostrar quienes somos a todos nuestros seguidores en esas redes sociales y, naturalmente, a más seguidores más compromisos y más necesidad de mostrar nuestro estatus.

El acceso fácil al crédito.

La facilidad del acceso al crédito a través de los numerosos instrumentos que el mundo financiero pone en nuestras manos nos permite poder comprar sin tener la disponibilidad monetaria real para hacerlo. Compramos ahora sin preocupaciones y después ya nos ocuparemos de tener el saldo suficiente en la cuenta para pagar las cuotas mensuales.

El pago diferido y fraccionado nos permite acceder en el presente a unas compras que seguramente no haríamos en la mayoría de las ocasiones si tuviéramos que pagarlas en el mismo instante de realizarlas, es decir, alejar el momento del pago del momento de la compra nos confiere una falsa sensación de poder económico que potencia nuestro consumo.

La acción del marketing.

Sea por la razón que sea, la verdad es que el propio acto de comprar satisface, y creo que para muchos es una forma de felicidad que supera a la que les proporciona el propio hecho de tener. Es decir, en ocasiones puede producir más satisfacción la acción de comprar que la de poseer lo comprado, de tal manera que el uso y la utilidad de lo adquirido pierde importancia respecto al hecho de volver a comprar.

De todas formas, llegando a esa situación extrema o sin llegar a ella, lo cierto es que la relación entre comprar o tener y la felicidad es una característica humana que el marketing ha sabido rentabilizar para dirigir nuestro consumo hacia determinados productos. No es difícil darse cuenta que la felicidad es el argumento que subyace en cualquier anuncio publicitario; a veces asociada al sexo; a veces al lujo; a veces al poder; pero siempre asociada a la felicidad que obtendremos con la compra del producto anunciado.

La que ya podríamos denominar ciencia del marketing conoce todos nuestros deseos, debilidades y automatismos de compra, y los utiliza perfectamente para dirigir nuestro consumo e incrementarlo. Realmente lo que hace el marketing es aprovechar todos los factores incrementales del consumo que hemos visto (los nuevos consumos, la obsolescencia, el acceso fácil al crédito la relación entre la posesión y el estatus social el tener como forma de ser y) para potenciar nuestros deseos de comprar.

La asociación de nuestra tendencia natural a la posesión de cosas y la progresiva acción de un marketing cada vez más sofisticado e incisivo han conseguido llevar a nuestra sociedad a un nivel consumista nunca antes alcanzado.

Definidos los factores que marcan nuestra elevada propensión al consumo, queda bastante evidenciada la dificultad que puede plantear su reducción. Se trata de elementos que tienen una doble naturaleza, por un lado están los internos o personales, los derivados de nuestra condición humana, y por otro, los externos o inducidos, los que crea el sistema para promover el consumo.

Todos serán difíciles de corregir; los internos porque están ya muy enraizados en nuestros hábitos de vida; y los externos porque son armas eficaces del sistema para su expansión. Sin embargo, el cliente siempre tiene la razón y somos nosotros los consumidores los que decidimos. Quizás se trate de un objetivo difícil pero está en nuestras manos dejar de demandarle tanto a este pequeño planeta.

Reducir el consumo de bienes y energías contaminantes es la única alternativa para equilibrar nuestro sostenimiento con lo que la naturaleza puede darnos y soportar sin resultar dañada. Pensemos que modificar el clima, destruir hábitats naturales y romper los ciclos biológicos ancestrales sólo acelera nuestra propia degradación y nos lleva irremediablemente hacia caminos sin retorno en los que la supervivencia de la creciente población mundial puede resultar extremadamente complicada.

En lugar de mantener y fomentar la cultura del crecimiento consumista deberíamos orientar nuestros hábitos hacia la cultura del decrecimiento, porque sólo disminuyendo las actuales exigencias de recursos podremos ponerle freno al estrangulamiento al que estamos sometiendo a la naturaleza.

No obstante, la primera reflexión que puede venirnos a la mente ante la perspectiva de plantearnos la reducción del consumo como la solución a la sostenibilidad del planeta es si hacerlo no nos arrastrará hacia una desactivación económica mundial que pueda destruir nuestros puestos de trabajo y, por lo tanto, acabar con nuestros medios de vida.

Sin duda, éste es un asunto de la máxima importancia que debemos analizar detalladamente.

Modificar el presente para salvar el futuro.

De los dos efectos que la producción y el consumo masivo tienen sobre la naturaleza: el agotamiento de los recursos y la contaminación medioambiental, es sin duda el primero el que menos riesgo conlleva para nuestra supervivencia. El hombre, en su innegable capacidad de adaptación, encontrará recursos alternativos a los existentes para continuar produciendo. Unos materiales sustituirán a otros cuando su escasez lo haga necesario o cuando el coste de extraerlos sea demasiado elevado, pero indudablemente los procesos productivos continuarán sin pausa.

La única secuela que dejarán los cambios será el empobrecimiento de los países productores de los materiales sustituidos. Podemos imaginar como ejemplo de este hecho, el efecto que tendría en la riqueza de los países productores de petróleo su sustitución por otras formas de energía. Naturalmente, una situación de este tipo acabaría arruinando a muchos de los Estados que actualmente dependen económicamente de la venta de este combustible. De hecho, conscientes de ello y adelantándose al futuro, algunos ya están empezando a buscar alternativas en otros sectores como el turismo o en la energía solar.

Importancia muy distinta al del agotamiento de los recursos naturales tendrá la contaminación generada por la producción y el consumo. Como nos informa la ciencia, los efectos del cambio climático provocados por la contaminación serán muy diversos. Se nos advierte de la desaparición de especies animales, de la subida del nivel de las aguas costeras, de la rápida propagación de epidemias, del incremento de los fenómenos climáticos violentos y de otros muchos efectos, pero de todos ellos yo volvería a destacar el hambre como el principal.

Un informe del IFPRI (Instituto Internacional de Investigación sobre Políticas Alimentarias) nos advierte de que: "La agricultura es extremadamente vulnerable al cambio climático. El aumento de las temperaturas termina por reducir la producción de los cultivos deseados, a la vez que provoca la proliferación de malas hierbas y pestes. Los cambios en los regímenes de lluvias aumentan las probabilidades de fracaso de las cosechas a corto plazo y de reducción de la producción a largo plazo. Aunque algunos cultivos en ciertas regiones del mundo puedan beneficiarse, en general se espera que los impactos del cambio climático sean negativos para la agricultura, amenazando la seguridad alimentaria mundial".

Ya hemos visto además, que el hambre está en la base de los desplazamientos demográficos que inundan las fronteras de los países del primer mundo. Emigrar por hambre es un instinto propio de todos los seres vivos que en los humanos se ha convertido en una constante histórica capaz de llevarnos a colonizar todos los lugares del planeta en una búsqueda permanente de la tierra prometida, que no es otra que aquella que sea capaz de alimentarnos y dejarnos prosperar.

Mientras que los límites del mundo nos permitieron migrar hacia nuevos territorios despoblados los asentamientos se produjeron libremente y sin problemas, pero cuando esos límites se terminaron porque finalmente acabamos colonizando todo el planeta, las migraciones comenzaron a generar conflictos al provocar el encuentro entre distintos pueblos. Desde entonces es un fenómeno que se ha venido repitiendo constantemente hasta nuestros días, sin embargo, lo que diferencia la situación actual de la histórica es que antes el pueblo que recibía la migración no era responsable del hambre que padecía el otro pueblo, mientras que ahora sí lo es. Ahora el primer mundo es el causante del cambio climático que desplaza al tercero y, sin embargo, es incapaz de asumir su responsabilidad.

De todas formas, y en honor a la verdad, debo decir que la situación de creciente degradación del tercer mundo no es sólo reflejo del cambio climático, sino que también es consecuencia de los intereses comerciales de un mundo empresarial que sabe perfectamente que en los entornos de miseria es más fácil obtener mano de obra y materias primas baratas que los entornos desarrollados.

Tanto a los consumidores como a los productores nos conviene reflexionar sobre las consecuencias de nuestras acciones y percatarnos de que sentados en el mismo barco, todos corremos el mismo destino.

Cuanto menos en serio nos tomemos el problema más grande será el golpe final que recibamos, por eso es el momento de actuar sobre los dos factores que generan la contaminación: el consumo y la producción, sabiendo que racionalizarlos es una tarea que nos corresponde a todos.

Modificar el consumo.

Aunque nuestro elevado consumo de bienes y energía está detrás del agotamiento de los recursos, la contaminación medioambiental y el cambio climático, la solución no puede estar en dejar de consumir ni en volver a vivir en sociedades agrícolas con consumos de supervivencia como propugnan algunos ecologismos extremos; la solución a estos problemas debemos buscarla en el tipo de consumo que realizamos.

Los antiguos libros de Ciencias Sociales nos decían que la sociedad del futuro sería una sociedad de ocio, una sociedad en la que las máquinas trabajarían y las personas descansaríamos disfrutando del tiempo que aquellas nos ahorrarían. Transcurridos los años hemos comprobado irónicamente que las dos partes del pronóstico eran ciertas, pero una de ellas con un sentido bien distinto. Las máquinas sí sustituyen actualmente a las personas en la realización del trabajo y esas personas sustituidas descansan; el fallo está en que ese descanso no es precisamente una situación idílica de vacaciones, sino que se trata de un descanso forzado por la exclusión de los trabajadores del sistema productivo derivado de la pérdida de sus empleos. La realidad es que no se han desarrollado los mecanismos necesarios para que se produjera la redistribución de la riqueza generada por el trabajo de las máquinas y todo el valor añadido por ellas al proceso productivo sólo ha ido a parar a la bolsa de los empresarios.

No obstante, aunque aquella predicción resultara ser inexacta, me gustaría que nos quedáramos con la puesta en valor del tiempo de ocio que ya defendían las ciencias sociales hace décadas. Un tiempo de ocio y disfrute personal que está perdiendo terreno dentro de un estilo de vida contemporáneo que promueve el incremento del tiempo de trabajo para obtener más dinero con el que poder comprar después el mayor número posible de bienes materiales.

Por otro lado, esos mismos libros también nos decían que existen tres sectores productivos:

-   **El sector primario.**

    Dedicado a la obtención de productos básicos sin elaborar. La agricultura, la minería, la ganadería, la pesca, la acuicultura, etc.

-   **El sector secundario.**

    Dedicado a la transformación de los productos primarios. La industria.

-   **El sector terciario.**

    También denominado el sector de servicios y que se dedica a la oferta de servicios demandados por la sociedad, es decir, a satisfacer necesidades de las personas y las empresas no asociadas a ningún bien material concreto.

Evidentemente, cuando en este capítulo hablamos del agotamiento de los recursos naturales y de la contaminación medioambiental estamos refiriéndonos básicamente a los sectores primario y secundario ya que son ellos los que inciden de forma más directa en los dos problemas. Son estos sectores los que consumen la mayor parte de los recursos del planeta y los que generan casi toda la contaminación que provoca el cambio climático.

Pues bien, por simple exclusión podemos deducir que el consumo y la producción del sector terciario ni afectan a la disponibilidad de recursos naturales, ni contaminan nuestro entorno con la misma agresividad que los dos primeros. Es comparativamente inocuo en estos dos aspectos o, por definirlo de otra manera, es el sector limpio de la actividad humana.

Bajo esta premisa es fácil entender que deberíamos abogar por este sector en el futuro o, lo que es lo mismo, tendríamos que derivar hacia él nuestro consumo. Su potenciación esconde una de las soluciones más eficaces para lograr mantener el consumo y la producción en equilibrio con la capacidad real del planeta para sostenernos.

Una economía de humanos al servicio de humanos quizás sea la alternativa más lógica para conseguir estabilizar ecológica y socialmente nuestro mundo.

El sector de los servicios será el que en el futuro tendrá un uso mucho más intensivo de trabajo humano, es decir, será el que más empleos podrá generar. Las causas de esto se encuentran fundamentalmente en dos circunstancias:

- La difícil externalización en terceros países.

  Un servicio no admite tan fácilmente como un producto la separación entre lugar de producción y el de consumo. Un servicio no es una camiseta que se fabrica en Asia y se vende en Europa, aunque bien es cierto que hay algunos que se han llevado al ámbito telefónico y que se han externalizado mediante empresas de Call Center radicadas fuera de nuestras fronteras. Sin embargo, espero que el hartazgo que este sistema produce entre los usuarios y clientes por su coste (vinculados en la mayoría de las ocasiones a líneas telefónicas de pago; los famosos 90X) y la impersonalidad del trato (es difícil, por ejemplo, poder hablar dos veces con la misma persona) conlleve una pérdida de calidad que sea aprovechada comercialmente por empresas competidoras que apuesten por la atención directa.

- La dificultad de ser realizados por robots.

  Las personas tenemos más capacidad que las máquinas para satisfacer las necesidades inmateriales de otras personas. Muchas empresas de servicios e, incluso, las administraciones públicas, en su constante búsqueda de la reducción de costes salariales, tiendan a querer satisfacer servicios con la atención de máquinas, sin embargo, éstas nunca lograrán hacerlo con la calidad con la que lo hacen las personas.

  Aunque hay intentos en este sentido, el empresario tardará en conseguir que algún día un robot sustituya a un recepcionista de hotel, a un fisioterapeuta o a un asesor fiscal, o que los usuarios le otorguemos la misma confianza a una máquina que a un piloto de avión o un conductor de autobús.

  De todas formas, el mundo empresarial sigue apostando también en este sector por la robotización como forma de conseguir la eliminación del mayor número de puestos de trabajo. Ya he comentado en otro apartado que estamos siendo educados por ese mundo empresarial en el "hágalo usted mismo" como forma de reducción de costes laborales. De todas maneras, pese a este interés empresarial, debemos reconocer que la atención personal, el tener a alguien a quien solicitarle su ayuda y ser atendido directamente, lo percibimos como un servicio de mayor calidad que el Self-Service; de hecho en algunos sectores han hecho de la atención personalizada un factor diferencial para aplicarla sólo a los clientes VIP y así diferenciarlos de los que reciben el impersonal trato de las máquinas.

Si, por ejemplo, queremos pagar un recibo en nuestro banco, la mayoría preferimos que nos lo haga un empleado en lugar de tener que enfrentarnos a una máquina y someternos a sus instrucciones. Asunto distinto es que los bancos hayan ido estableciendo como estrategia para educarnos y acostumbrarnos gradualmente al uso de las máquinas, el ir reduciendo tanto los horarios de pago de recibos, como el personal que atendía ese servicio. De esa manera consiguen que nos adaptemos porque preferimos someternos a esas máquinas a tener que pagar sólo en los horarios que nos marcan soportando, además, largas colas de clientes. Naturalmente, como excepciones, los clientes VIP siempre tendrán abierta la puerta de la gestión personalizada de sus recibos y a cualquier hora.

En la base de una gran parte de lo que calificamos como servicios está nuestro tiempo, Ya sea directamente como en todos aquellos que afectan al ocio y la cultura, o indirectamente como en todos los que suponen la delegación de tareas personales, los servicios suelen relacionarse con nuestro tiempo y con nuestra calidad de vida. Veamos estos dos aspectos:

-   El ocio y la cultura.

    Es el más claro de los dos factores. Es evidente que cuando pagamos unas vacaciones (transportes, hoteles, actividades, etc.), la entrada de un cine o un teatro, una sesión de masaje, o un curso de inglés, estamos comprando servicios que llenan nuestro tiempo.

-   Delegación de tareas.

    Cuando contratamos a un empleado de hogar, cuando gestionamos nuestra comunidad de vecinos a través de una empresa especializada, o cuando simplemente cogemos un autobús estamos también, como en el caso anterior, comprando servicios y estamos delegando en otros tareas que, de hacerlas nosotros mismos, consumirían nuestro tiempo.

En definitiva, cuando pagamos un servicio, la mayor parte de las veces, lo que estamos haciendo realmente es comprar tiempo, y ya sea en forma de ocio y cultura o como delegación de tareas, comprar tiempo siempre me ha parecido el mejor de los consumos y la mejor de las inversiones posibles.

Incluso en el resto de casos en los que los servicios no se relacionan directamente con el tiempo como en la contratación de una línea telefónica o un seguro, o en la realización de un chequeo médico, el factor "calidad de vida" siempre está detrás porque todos afectan a necesidades humanas que podemos calificar de básicas (comunicación, seguridad, salud, etc.).

Ya sea como forma alternativa de consumo no contaminante ni demandante de excesivos recursos naturales, ya sea para actuar como un paliativo a la destrucción de puestos de trabajo industriales ocasionados por el progresivo aumento de la robotización y la externalización de las producciones, o ya sea por la búsqueda de un tipo de vida más orientado al disfrute del tiempo, cualquiera es una buena causa para derivar nuestro gasto en consumo de bienes materiales hacia el gasto en servicios.

Naturalmente, no estoy hablando de dejar de consumir los productos de los otros dos sectores, entre otras cosas, porque en ellos están los elementos indispensables para sobrevivir y para facilitarnos una existencia más confortable, de lo que hablo es del abuso irracional de ese consumo; hablo de darle más importancia a tener el último modelo de algo que a tener unos días de descanso, o de valorar más el tener muchas cosas que tener tiempo para poder disfrutar algunas.

No podemos obsesionarnos por poseer casas con más cuartos de baño de los que podemos usar, o más coches de los que podemos conducir, y mucho menos, por tener lo último cuando nos llega y sobra con lo antepenúltimo. Obsesionémonos, por el contrario, por nuestro tiempo vital y por el uso que hacemos de él.

Seamos conscientes de que derivar el consumo masivo de bienes primarios y secundarios hacia el consumo de servicios mejoraría tanto nuestra relación con el planeta como con nosotros mismos.

Modificar la producción.

La responsabilidad de cada persona en el deterioro del planeta es proporcional a su grado de consumo de los recursos naturales y al nivel de contaminación que genera con los residuos de ese consumo, por eso es indudable que la responsabilidad de un empresario es inmensamente superior a la de un simple consumidor. La actividad productiva que realiza, el nivel de recursos que cualquier empresario demanda de la naturaleza y su capacidad de contaminación del entorno lo convierte en el agente más importante en el control medioambiental.

Sé que no es posible decirle a un empresario que produzca menos porque precisamente el crecimiento productivo define la actividad empresarial. Indicarle a un empresario que ponga tope a su producción es tanto como pretender que un pájaro no vuele o que un niño no crezca, iría en contra de su naturaleza. Sin embargo, lo importante en este caso no es cuánto produce cada empresario, sino cómo produce.

Cuánto puede producir un empresario, según las propias reglas del capitalismo, se lo dicta el mercado. Es la demanda la que fija los límites productivos que puede tener cada empresario, y a esta demanda quien la define son los consumidores y sus hábitos que, como vimos en el apartado anterior, son los responsables reales de marcar el cuánto y el qué de la producción. Es el consumidor racional, informado y coherente el que debe delimitar el número de coches, televisores, teléfonos, ladrillos y pantalones que deben producir los empresarios.

La orientación de nuestro gasto es la que marca la producción y la que le dice a los empresarios qué y cuánto deben producir, por eso realmente lo importante de los empresarios es cómo producen lo que se les demanda.

En la respuesta que los empresarios le den a ese "cómo" es en donde se encuentra la solución o el agravamiento tanto de los conflictos en las relaciones empresarios-trabajadores, como de los problemas medioambientales. Los primeros son los que hacen referencia a "cómo" se establecen los vínculos de producción entre los empresarios y los trabajadores, y a "cómo" se fijan las relaciones laborales que determinan el reparto del valor de todo lo producido; temas que ya hemos analizado extensamente.

Ahora debemos fijarnos particularmente en la forma en la que la respuesta al "cómo se produce" determina la racionalidad de la explotación de los recursos naturales, el grado de contaminación medioambiental y su influencia en el cambio climático.

Todas las actividades productivas tienen incidencias directas sobre el entorno que vienen determinadas fundamentalmente por tres factores: los elementos base de la producción, la forma de trabajo y el tratamiento de los residuos.

- Los elementos base de la producción.

Son los materiales utilizados en la fabricación (las materias primas y el resto de productos químicos y biológicos aplicados) y los recursos energéticos consumidos en todos los procesos de producción.

Estos elementos marcan desde el inicio de la producción el grado y tipo de recursos naturales consumidos y, sobre todo, el nivel de nocividad de todo el proceso productivo y el del propio producto cuando haya terminado su vida útil, es decir, cuando se convierta en la basura del consumo.

Los efectos que producen en el entorno la fabricación de un producto dependen de los materiales y energías utilizados en su fabricación. La producción de una simple cuchara conlleva diferente nivel de impacto medioambiental si el elemento base de su fabricación es la madera, el acero o el plástico, y lo mismo podemos decir de cualquier otro producto. Pensemos como ejemplos más generales los diferentes efectos que tienen sobre la naturaleza; la agricultura industrial (semillas transgénicas, pesticidas, abonos químicos...) frente a la tradicional; o la minería a cielo abierto frente a la minería subterránea; o, ya en el ámbito de otros sectores, la industria de los envases plástico frente a la de los envases de vidrio, o los combustibles fósiles frente a la energía solar.

Ninguna de las alternativas expuestas es inocua para la naturaleza, es decir, ni la agricultura tradicional, ni la minería subterránea, ni los envases de vidrio, ni tan siquiera las energías limpias tienen un impacto realmente nulo sobre el medio ambiente porque, ya sea por sus procesos productivos, por los métodos de extracción, o por los elevados consumos energéticos de fabricación, todos contaminan. La diferencia entre ellos estriba en el nivel de los efectos nocivos de unos y otros.

- La forma de trabajo.

Aunque a priori no parezca un factor importante, la forma de trabajo o producción define de manera significativa el grado en el que cada empresa afecta al medioambiente. La metodología de trabajo y los medios utilizados en la fabricación determinan en gran medida el nivel de agresividad de una empresa con el entorno. Así, por ejemplo, dos empresas diferentes pueden fabricar un mismo producto con distinto impacto medioambiental dependiendo de los métodos de trabajo que empleen, la modernidad tecnológica de su maquinaria o los sistemas de control de producción que tengan implantados.

- Tratamiento de los residuos.

Puede considerarse una prolongación del factor anterior en la fase final de la producción, sin embargo, creo que debe diferenciarse de ésta por su especial relevancia en la contaminación industrial.

Todas las secciones integrantes de una empresa generan residuos que si no son tratados adecuadamente tienen efectos negativos sobre el entorno. Desde el papel desechado en los departamentos administrativos, hasta los gases y líquidos generados en las secciones de fabricación, todos son residuos que necesitan ser tratados química, biológica o mecánicamente para reducir su impacto medioambiental.

El establecimiento de sistemas de reciclado en la propia empresa determina si una empresa es más o menos respetuosa con el entorno. Así, la implantación de quemadores de gases, de plantas depuradoras de líquidos residuales o, simplemente, de sistemas de recogida de papel, son formas de reducción de los efectos que la actividad empresarial tiene en el medio natural y representan el primer frente de lucha contra la contaminación porque están en el origen de la producción.

Realmente los tres factores expuestos se reducen a temas de costes. Volvemos a estar de nuevo delante de problemas provocados por la obsesiva búsqueda del beneficio empresarial. Al igual que pasaba con los problemas de las relaciones empresarios-trabajadores, los problemas de las relaciones producción-naturaleza se generan cuando los empresarios sitúan sus beneficios por encima de su responsabilidad socioeconómica.

El impacto medioambiental de la producción industrial tiene actualmente solución en la mayoría de los casos, el problema es que esa solución no suele ser barata. La tecnología ha dado respuesta a muchos de los procesos industriales negativos para la naturaleza creando nuevos materiales, equipos productivos y métodos de trabajo ecológicamente más eficaces que, junto con mejores sistemas de tratamiento de residuos, podrían frenar la locura medioambiental en la que estamos inmersos. Naturalmente el problema es que la implantación de todas estas soluciones requiere una inversión que la mayoría de los empresarios no está dispuestos a acometer porque les supondría una reducción de sus ansiados beneficios.

Muchos Estados occidentales concienciados con el cambio climático y el agotamiento de los recursos naturales han implantado normativas que obligan a las empresas a adoptar medidas para hacerlas ecológicamente mucho más eficientes y responsables. Pese a ello, un gran número de ellas hacen caso omiso a esas normativas y, dependiendo de la severidad administrativa y del control de cada Estado, asumen el riesgo de ser sancionadas por sus malas praxis antes de afrontar las inversiones necesarias para adaptar sus producciones a la legalidad.

A pesar de todo, desde hace años en el ámbito empresarial se está intentando imponer como un factor diferencial en la calidad de producción un modelo de actuación que los economistas denominan Responsabilidad Social Corporativa (RSC). Es un concepto que liga a cada empresa con sus valores éticos y sociales, entre los que destaca la responsabilidad con el medioambiente. Es una filosofía de trabajo que ha ido calando de diferente manera según los Estados y la conciencia ecología de su ciudadanía. Es decir, en aquellos países en donde la mayoría de sus ciudadanos han desarrollado una preocupación especial con el medioambiente sus empresas han ido acogiéndose a estas prácticas responsables, mientras que en donde la ciudadanía no manifiesta un especial interés por los problemas ecológicos sus empresas tampoco se han preocupado mucho por poner en práctica esa RSC.

Fruto de esta dispersión en la cultura ecológica de cada Estado muchas de estas empresas, sobre todo las de carácter multinacional, presentan una cara distinta dependiendo del mercado en el que se asientan. Cuando trabajan en países con conciencia medioambiental entonces se esfuerzan por presentar decenas de certificaciones de organismos especializados con los que demostrar su absoluto respeto con el medioambiente y con la sostenibilidad del planeta, mientras que cuando trabajan en países con poco interés por estos asuntos suelen actuar con total desprecio del entorno.

Una de las ventajas que precisamente han obtenido los empresarios con la globalización es poder alejar su producción de los costes que les representan las normativas y compromisos medioambientales. Los nuevos territorios que la globalización ha ganado para la industria han permitido una gran despreocupación medioambiental en los productores.

Los países del tercer mundo han abierto sus puertas con total libertad a las producciones occidentales, permitiendo todo tipo tropelías ambientales en sus territorios. A poco que nos arrimemos a las noticias nos enteramos de accidentes laborales que afectan a cientos de personas, de contaminación de ríos por vertidos descontrolados, de ciudades que desparecen bajo la bruma de la polución, de la desertificación de territorios por el aprovechamiento industrial del agua, y de infinidad de otros incidentes provocados por la acción de una producción masiva y sin control.

El empresario occidental es como el fumador que no fuma en los sitios donde se le prohíbe, pero sigue fumando allí donde no le ponen pegas porque no entiende el problema como suyo sino como un intento del resto del mundo por coartar su libertad.

Como responsable más directo del deterioro del planeta, el sector empresarial debe adaptar sus producciones para hacer sostenible no sólo el sistema capitalista, sino nuestra propia supervivencia, entendiendo que reducir beneficios para implantar soluciones técnicas que reduzcan la contaminación y favorezcan la reutilización de los recursos irá en su propio beneficio futuro.

El empresario no puede cerrar los ojos ante lo que está pasando porque, a no ser que en el futuro espere vivir en otro planeta, es un ser humano cuya vida se verá afectada como todas las demás por lo que le estamos haciendo a nuestro mundo.

La basura.

Por último me gustaría hacer referencia a un problema que no puedo asociar, por lo menos directamente, ni con el consumidor, ni con el productor.

Hemos visto las responsabilidades de unos y otros por el consumo excesivo y por la producción irresponsable, pero el problema que pretendo tratar ahora es el de la eliminación, tratamiento y reciclaje que se hace de los residuos.

Tanto los productores como, sobre todo, los consumidores pagamos en los países occidentales tasas especiales para que se realice un correcto tratamiento de la basura que generamos, sin embargo, la realidad es otra bien diferente.

Los responsables de la gestión de los residuos parecen comportarse en muchos casos como auténticas mafias de las basuras en lugar de cómo administradores responsables del medioambiente. Ya sean los gobiernos directamente o a través de empresas especializadas para el tratamiento de los residuos, se suele entender este trabajo como un mero negocio de lucro donde la responsabilidad final llega en ocasiones sólo con apartar de nuestra vista la basura aplicando la máxima de que no existe lo que no se ve.

Durante décadas la solución para la basura fue quemarla en los vertederos y más tarde enterrarla para que no se viera y hoy en día muchos subsuelos siguen contaminados por aquellas prácticas. En la actualidad afortunadamente el proceso ha mejorado en muchos países, pero la técnica de quitar de la vista la basura de métodos como el comentado enterramiento o la inmersión a grandes profundidades (recordemos los bidones con residuos radioactivos que deben estar pudriéndose en el fondo de nuestros océanos esperando para dejar escapar sus contenidos) ha adoptado una nueva fórmula con la exportación de la basura.

Volviendo a la globalización, y como un nuevo ejemplo de sus fantásticas virtudes, uno de los métodos modernos para deshacernos de los residuos es enviarlos al tercer mundo donde, naturalmente, tampoco los vemos. Miles de barcos salen anualmente de nuestros puertos con destino a los países del tercer mundo cargados con contenedores de basura. Su supuesto destino es el reciclado, pero lo cierto es que al reciclado sólo llega una pequeña parte de lo enviado y la mayoría de los residuos acaban en vertederos al aire libre de esos países. Además, el poco reciclado que se realiza se hace en guetos de miseria y en condiciones infrahumanas para la población, provocando innumerables problemas sociales, ambientales y de salud.

Esa basura que exportamos está compuesta principalmente por equipos electrónicos (televisores, ordenadores, electrodomésticos…) que deberían ser reciclados controladamente dentro de nuestras fronteras para aprovechar realmente todos sus componentes reutilizables y destruir correctamente los que no lo fueran, sin embargo, acaban siendo vendidos a bajos precios a extraños empresarios de la basura que operan impunemente en el tercer mundo.

Obviamente existen auténticas empresas de reciclaje que, aparte de obtener notables beneficios de su actividad (pensemos que reciclar estos productos significa recuperar hierro, cobre, níquel e incluso metales preciosos como el oro y la plata, aparte de componentes reutilizables como chips, placas bases, conexiones…), realizan una labor social y ecológica loable, sin embargo, muchos de estos residuos se mueven por redes empresariales mafiosas que operan eludiendo los escasos controles aduaneros para colocar este tipo de basura en los países del tercer mundo. Se tratan de negocios rápidos que sólo exigen una logística de almacenado y transporte, y que no necesitan de ninguna inversión real en reciclaje.

A los habitantes del primer mundo nos puede valer con no mirar la basura ni sufrir sus efectos inmediatos, pero, desde luego, al planeta le da lo mismo que lo contaminemos aquí o allí, con el agravante de que la tecnología de reciclado que utilizan los países receptores no les permite tratar adecuadamente todos los componentes tóxicos de estos artículos, y así, elementos como los gases CFCs de los frigoríficos, los metales pesados de los equipos electrónicos o los ácidos utilizados en algunos reciclajes artesanales pasan directamente a la naturaleza produciendo un impacto mucho más fuerte que el que hubieran generado en los países de origen con mejor tecnología para su tratamiento.

Deberíamos tener con nuestro planeta la misma consideración que tenemos con nuestros hogares, sin embarco, nos comportamos con él como si nos hubiera afectado un Síndrome de Diógenes colectivo. Llenamos de basura la tierra, el agua, el aire y ya, hasta el espacio, creyendo que la naturaleza es un cubo sin fondo donde podemos tirar nuestros desperdicios despreocupadamente y sin consecuencias, sin embargo, las consecuencias están llegando y todos vamos a sufrirlas si no procuramos corregir de inmediato sus causas.

CAPÍTULO VI

LOS EMPRESARIOS

Somos una especie inteligente que hemos hecho de nuestra capacidad para transformar el entorno y adaptarlo a nuestras necesidades el instrumento fundamental para progresar en todos los lugares del planeta. Para llevar a cabo esa adaptación lo primero que hemos necesitado han sido utensilios que nos permitieran ir más allá que el resto de especies. Así, las armas para cazar, los cuchillos de piedra para desollar a los animales, los vestidos de pieles para abrigarnos o los recipientes para recoger y transportar agua están en la base de las primeras manufacturas que nos facilitaron la supervivencia y adaptación al entorno. Esas manufacturas son las que nos han permitido progresar y llegar a ser la especie dominante del planeta y, a la vez, las que han conseguido la mejora de nuestra calidad de vida personal y social. Por lo tanto, no podemos desligar nuestra existencia de la necesidad de producción de bienes que nos faciliten nuestro desarrollo y calidad de vida.

Dada la incuestionable necesidad de la producción, la única duda que se puede plantear es cómo producir o, lo que es lo mismo en este contexto, quién debe producir.

Básicamente las únicas opciones de producción existentes son:

-   La producción personal: donde cada individuo satisface sus propias necesidades de bienes personales o familiares.
-   La producción centralizada: en la que un único organismo concentra toda la producción de una comunidad.
-   La producción especializada: donde un individuo o grupo se concentra en la producción de un determinado bien.

Evidentemente podemos descartar la primera fórmula por su primitivismo e incapacidad operativa para satisfacer nuestras actuales necesidades personales y sociales, y por eso sólo cabe plantearse la alternativa entre la producción centralizada y la especializada.

Como se puede intuir, el modelo de la producción centralizada se corresponde con el modelo económico comunista en el que es el Estado el que realiza todas las funciones de producción, mientras que el modelo de producción especializada se relaciona con el modelo capitalista donde es la iniciativa privada la responsable de satisfacer las necesidades productivas de la sociedad.

Podría dar el simple argumento del fracaso histórico del comunismo como sistema económico para establecer la producción especializada como el único modelo productivo posible, sin embargo, no creo que sea ésta la razón real de la decisión porque estoy convencido de que el fracaso productivo del comunismo se debió a la nefasta gestión de un incontable número de burócratas más preocupados por sus intereses políticos personales que por la gestión eficiente de los recursos económicos. La auténtica razón por la que creo que la producción especializada es el mejor modelo productivo es porque aúna en ella la capacidad de producir eficientemente y la de permitir el desarrollo personal del individuo como motor social. Creo sinceramente que la fuerza de una sociedad reside en la ilusión de progreso personal de los individuos que la componen y que la sociedad que comete el error de castrar sistemáticamente la iniciativa de sus componentes se condena a progresar sólo por los esporádicos impulsos de algunos héroes sin reconocimiento.

En definitiva, al contrario de lo que pueda parecer por las continuadas condenas que he hecho del capitalismo, creo que la producción especializada que propone este sistema económico es la mejor opción posible para cualquier sociedad y, en consecuencia, creo totalmente válido el actual modelo productivo basado en la iniciativa empresarial privada.

Esto quizás sorprenda más que la anterior afirmación sobre el capitalismo porque sé que hasta el momento los empresarios han aparecido reflejados casi como unos villanos culpables de todos los males sociales, pero la realidad es otra bien distinta y el respeto hacia ellos debe ser total. Forman parte indispensable de cualquier modelo económico sostenible y sólo con su implicación real en los procesos sociales es posible conseguir un desarrollo comunitario estable y continuo.

Lo que quiero denunciar aquí no son las formas del empresario más habitual, el que al igual que el trabajador sobrevive a pesar de las circunstancias y se esfuerza diariamente en su labor de motor social, lo que realmente quiero denunciar son las formas y las malas prácticas de los empresarios que no entienden su función social y sólo actúan guiados por unos intereses personales que oprimen su entorno y pueden acabar destruyendo la estabilidad de la sociedad en la que viven.

Y para este fin, lo primero que se necesita es definir correctamente a este tipo de empresarios separándolos en dos categorías diferenciadas por sus rangos y efectos socioeconómicos, y que denominaremos: los oligarcas del Olimpo y los depredadores de la selva.

- Los oligarcas del Olimpo.

  Me gusta referirme a ellos de esa manera porque actúan como los mitológicos dioses griegos, manipulando el designio de los mortales.

  Intentan dirigir la política de los Estados a través del poder que les confiere su posición hegemónica en la economía actuando conjuntamente para crear grupos de intereses comunes y así multiplicar la fuerza de su poder. Son los denominados "Lobbies empresariales" reconocidos y regulados institucionalmente en algunos países y negados en otros.

  Un lobby o de grupo de poder puede ser desde una asociación de vecinos hasta una agrupación de países. Su definición y dimensión depende del ámbito de poder en donde quiera ejercer la defensa de sus intereses (local, autonómico, nacional...), sin embargo, su legitimidad ética depende precisamente de la tipología de esos intereses. Una asociación de vecinos puede estar legitimada éticamente si lo que pretende es evitar que el consistorio municipal le conceda una licencia a un almacén de residuos tóxicos y, por el contrario, estar ilegitimada si lo que pretende es conseguir un trato de favor en el reparto de los presupuestos de ese consistorio.

  Esta legitimidad del lobby es la que siempre está en entredicho cuando el ámbito del mismo es el interés empresarial y su acción se ejerce a la sombra del conocimiento público y sin actores reconocibles. Pensemos que: intereses personales, oscurantismo administrativo y políticos amigos son los ingredientes perfectos de la corrupción.

  Los gabinetes de abogados y economistas que representan a estos lobbies empresariales llaman a las puertas de los despachos políticos para presentar sus propuestas de leyes sin tener que recabar los cientos de miles de firmas que necesitan habitualmente las propuestas legislativas ciudadanas. Tienen acceso directo al político que hace la ley y eso les permite presentarle en bandeja de plata "lo mejor para todos". El problema es saber quiénes son "todos" porque detrás de un objetivo de interés empresarial es muy difícil que esté realmente el interés de "todos", es decir, de toda la sociedad.

  Si el lobby defiende los intereses del sector petrolero será complicado creer que proponga una ley que contenga serias medidas medioambientales; si representa a las empresas eléctricas será difícil que su propuesta promueva el uso de equipos autónomos de energías renovables para facilitar la autosuficiencia eléctrica de nuestros hogares; si defiende los intereses de la Iglesia es más que improbable que pueda aconsejar un reglamento impositivo que iguale los impuestos sobre los bienes inmuebles de las confesiones religiosas con los del resto de ciudadanos; y en general, siempre será difícil que los intereses que defiendan estos lobbies tengan algo que ver con los intereses generales de la comunidad.

Es precisamente esta divergencia de intereses la que hace necesario que tengamos unos representantes políticos imparciales y comprometidos con el conjunto de la ciudadanía, sin embargo, como veremos más adelante, ésta es una tarea harto complicada cuando los oligarcas del Olimpo deciden utilizar todas sus armas de poder.

A diferencia de la siguiente categoría, la acción de estos oligarcas es genérica. Afectan a toda la sociedad porque inciden directamente sobre el marco legislativo de los Estados moldeando a su voluntad las instituciones y obligándonos a todos a seguir por imperativo de ley los caminos que más les benefician.

Acaban transformando a los gobiernos estatales en simples instrumentos para sus fines de control y libertad de acción utilizando la fuerza normativa de éstos para derribar cualquier tipo de obstáculo que pueda aparecerles en el camino.

Representan sin duda la acción más poderosa del capitalismo, la que consigue establecer las pautas que el mundo entero debe acatar para adaptarse a las necesidades de crecimiento del sistema.

- Los depredadores de la selva.

Esta calificación responde a la acción individual de aquellos empresarios que, integrados perfectamente en el sistema ideado por los oligarcas del Olimpo, entienden su entorno como una selva donde prospera el más fuerte y con menos escrúpulos a la hora de utilizar cualquier instrumento que los beneficie, por lo que, consecuentemente con estas ideas, no les importa arrasar la selva para conseguir sus fines.

Son depredadores oportunistas obsesionados por la reducción de costes (sobre todo los salariales) y el incremento de las ventas que explotan su entorno social, laboral y ambiental con el único objetivo de conseguir el máximo beneficio posible, y sin entender en ningún momento que es precisamente el entorno (la selva) quien los mantiene.

Definen un concepto de funcionamiento empresarial centrado en el progreso individual y totalmente despreocupado del bienestar social. No se sienten parte de la sociedad en la que viven y, por lo tanto, no asumen ningún compromiso con ella. Es un concepto totalmente antagonista al que tiene el buen empresario (que insisto: existe y sobrevivimos todavía gracias a él), el que está integrado en su sociedad, entiende su participación en la estabilidad económica del Estado y es capaz de comprender su conexión con el entorno para poder crecer con él.

De manera relacional podríamos definir al buen empresario como el que busca tener la mejor empresa en una sociedad equilibrada y estable, y al empresario depredador como el que pretende tener la mejor mansión aunque sea en una sociedad de desigualdades y pobreza.

Los dos tipos de empresarios descritos: el oligarca y el depredador, son los máximos responsables del deterioro socioeconómico mundial y de los desequilibrios que sufrimos actualmente en todo lo referente a derechos, justicia y reparto de la riqueza.

Es fácil descubrir que la acción conjunta de estos empresarios está detrás de la mayoría de los defectos sociales que nos afectan y que truncan todas las esperanzas de alcanzar en algún momento una auténtica convivencia solidaria.

Las leyes impuestas por políticos corruptos que dirigen nuestros destinos y limitan nuestra libertad; la inestabilidad laboral que condiciona nuestra forma de entender el presente y el futuro; la obtención de materias primas que somete a países enteros a dictaduras y fuerza emigraciones mortales; la fabricación barata que esclaviza a los trabajadores de la mitad del mundo y cercena los derechos y condiciones laborales de la otra mitad; la promoción del consumismo que acrecienta nuestra dependencia del dinero; o la contaminación generada por una producción descontrolada y sin escrúpulos que cambia el clima mundial, son ejemplos de cómo estos empresarios están en el centro de los males que castigan al planeta.

Estos empresarios dan forma a un capitalismo destructivo que desvirtúa este sistema como ideología socioeconómica de perfecta validez al transformarla en un modelo productivo de opresión social. Es un caso más, como veremos en el último capítulo, de cómo las personas pueden llegar a deformar las ideas para adaptarlas a sus intereses provocando con ello la destrucción de las propias ideas.

No obstante, estos empresarios de los caminos sin obstáculos y del beneficio sin límites deberían formularse esta pregunta: ¿Puedo sobrevivir constantemente en un entorno social y económico al que agredo y empobrezco?

No tienen en cuenta en sus acciones que no es posible que se produzca el desarrollo social que ellos mismos necesitan para mantener su actividad y garantizar sus beneficios futuros si destruyen el equilibrio económico del triangulo del dinero impidiendo una distribución de la riqueza racional.

No se trata de defender caducos ideales comunistas de igualdad económica y social para todos, ni mucho menos, sólo se trata de defender el estrechamiento de los márgenes de desigualdad; se trata de reducir la creciente brecha de renta entre ricos y pobres que actualmente se está consolidado en mayor o menor medida en todos los países del mundo. Una brecha que, como sabemos, va desde la pobreza más absoluta hasta el irracional milmillonarismo.

Muchos quieren hacernos entender que las medidas necesarias para corregir esa brecha supondrían la desestabilización y quiebra del sistema, pero yo creo todo lo contrario; creo que la corrección de esa brecha es la que salvaría al sistema capitalista de su colapso.

Corregir las desigualdades económicas requeriría aumentar los flujos directos: empresarios → trabajadores, y los indirectos: empresarios → Estados → trabajadores para generar el reequilibrio de las bolsas de dinero.

Los dos circuitos tienen su origen en las salidas de flujos de los empresarios, es decir, inicialmente sería necesario una pérdida de tamaño de la bolsa de los empresarios, que es precisamente lo que tanto asusta a muchos, sin embargo, ese flujo de dinero empresarial sería el que dinamizaría la economía y terminaría revirtiendo más tarde en un nuevo aumento de la bolsa empresarial.

La razón de esto no es otra que la naturaleza consumidora de los trabajadores y los Estados. Tanto unos como otros son estómagos agradecidos que devuelven rápidamente al sistema todo lo recibido. De hecho, como sabemos, la única de las tres bolsas que tiene la capacidad de retener el dinero permanentemente es la bolsa empresarial.

Podríamos describir el sentido de esta evolución económica con la siguiente cadena de causas y efectos:

Mayor tamaño de las bolsas de dinero de los trabajadores y Estados → mayor consumo (= mayor demanda) → mayor inversión (= mayor demanda de bienes de equipo o productivos) → mayor producción → mayor tamaño de la bolsa de los empresarios.

Se trata de una correlación lógica de causa-efecto que beneficiaría a todos los participantes en el circuito del dinero y que restablecería el equilibrio económico que tanto necesitamos.

Como es lógico deducir, los oligarcas y depredadores empresariales no estarán de acuerdo con esta propuesta porque aceptarla supondría romper con una situación que actualmente les está proporcionando innumerables beneficios y que, por lo tanto, les funciona perfectamente, sin embargo, deberían tener en cuenta el circuito opuesto, que no es otro que el que está funcionando en la actualidad, los lleva a la quiebra:

Menor tamaño de las bolsas de dinero de los trabajadores y Estados → menor consumo (= menor demanda) → menor inversión (= menor demanda de bienes de equipo o productivos) → menor producción → Menor tamaño de la bolsa de los empresarios.

Es un circuito que siempre arrastrará al fracaso a cualquier modelo económico que intente aplicarlo porque limita a quien lo alimenta: el consumo. Corta desde el origen el flujo de ingresos de los trabajadores y Estados, que son la base de la demanda, y reduce con ello la producción de forma gradual pero continuada, lo que acaba llevando a todo el sistema a una vía muerta donde pierde toda posibilidad de continuidad.

El gran empresario, el que extiende su acción en el mundo globalizado, no está forzado por el momento a entender este planteamiento porque la amplitud de lugares en los que trabaja le permite diluir los efectos en su cuenta particular de resultados, sin embargo, el pequeño y mediano empresario no exportador, el que vende sus productos en el mercado interior, entenderá mucho mejor esta cadena de relaciones porque sabe que sus ingresos dependen directamente de la capacidad de consumo de las personas que viven en su zona de comercialización. La renta de esas personas es la que va a marcar los beneficios y la propia sostenibilidad de su empresa.

A modo de ejemplo que nos ayude a entender esta vinculación entre la renta de los habitantes de un territorio y la sostenibilidad de las empresas que operan en él, pensemos en una pequeña comarca en la que el 80% de las rentas familiares dependan de una sola empresa X que en un momento determinado decide llevarse la mayor parte de su producción a otro país y, a la vez, como medida adicional de ahorro, rebajar los costes del resto de personal. Como consecuencia despide al 50% de su plantilla y al 50% restante le aplica una reducción salarial de otro 50%. Esto significará una disminución de un 75% en el dinero que la empresa gastaba en sus trabajadores y que, por lo tanto, aportaba a la economía de la comarca (50% por los trabajadores despedidos y que por lo tanto pierden toda su renta + 25% por el 50% de la plantilla que no despide pero que le reduce a la mitad sus ingresos). El efecto de esta caída en el flujo de dinero entrante en la bolsa de los trabajadores de la zona será una drástica reducción de su capacidad de consumo que se trasladará rápidamente a la demanda de productos del resto de empresas del territorio, lo que producirá un importante descenso en sus ventas y, consecuentemente, en sus beneficios. A corto y medio plazo muchas de estas empresas cerraran y otras se verán obligadas a reducir sus plantillas, por lo que el 20% de las rentas de aquellos trabajadores que no estaban empleados en la empresa X también se reducirá, generándose un efecto cascada sobre la economía general de la comarca que pondrá en peligro su supervivencia.

Seguramente reconocemos la situación descrita, aunque de forma local, en muchas poblaciones que prosperaron al amparo de unas industrias concretas y que acabaron hundiéndose económica y socialmente o, incluso, desapareciendo cuando éstas cesaron su actividad en la zona.

Ese efecto que la decisión de una gran empresa produce en una pequeña zona de un país es el mismo que provoca el conjunto de las empresas de un Estado sobre su economía general cuando la mayoría opta por llevarse la producción a otros sitios, o cuando deciden aplicar unos recortes salariales que reducen de forma drástica el dinero en circulación destinado al consumo nacional.

Cada empresa particular sólo ve el efecto que sus acciones tienen sobre sí misma en el presente y no entiende que la suma de sus acciones con las del resto las empresas del país debilitan la economía y la sociedad del futuro.

Si todas las empresas llevan los salarios de sus empleados al simple nivel de supervivencia, y si los despidos y las reducciones de plantilla se imponen como las estrategias más relevantes a la hora de aumentar los beneficios empresariales, ¿cómo podrán esos empleados y despedidos adquirirles a las empresas los productos que venden?

Esta opción generalizada de reducción de costes salariales sólo puede que le valga de algo a las empresas de productos de primera necesidad, pero no al resto de las empresas industriales y de servicios que dependen de clientes que tengan rentas que superen el simple nivel de subsistencia. Ellas están abocadas a la desaparición en sus propios mercados por la pérdida de ventas ya que nadie puede esperar vender cocinas donde apenas hay para comprar alimento, ni nadie puede pretender vender vacaciones en Cancún donde apenas hay para pagar el transporte urbano.

¿Pero qué pasa con las empresas exportadoras? A esas empresas no tienen por qué importarles el nivel adquisitivo de sus empleados ya que sus compradores no están donde producen. Lo que les interesa es la situación del país donde esperan vender y poco o nada la del país donde fabrican sus productos.

La poca implicación de estas empresas con la situación socioeconómica de la zona donde producen lo demuestran las decenas de miles de ellas situadas en el tercer mundo. Todos sabemos que estas empresas acostumbran a ser bastante ajenas al entorno en el que trabajan y que lo importante para ellas suele ser solamente conseguir la mayor producción al menor coste posible.

Es de esperar que en las empresas exportadoras que producen dentro de nuestras fronteras la preocupación por la situación de sus trabajadores vaya algo más allá de la que demuestran la mayoría cuando producen fuera. De todas formas, ante esta tesitura, vuelven a ser los Estados los que deben asumir la máxima responsabilidad de control para que la posible indiferencia de estas empresas por su entorno no llegue a producir situaciones de desprotección y explotación laboral.

Pese a todo, las empresas exportadoras deberían tener en cuenta que el mercado global en el trabajan puede provocar que los efectos de sus prácticas en un futuro no muy lejano llegue a afectarlas de la misma manera que a las empresas con producción y consumo local o nacional.

El fenómeno de la despreocupación por el entorno productivo de este tipo de empresas es mundial por lo que las consecuencias de sus acciones también lo son, lo que sucede es que en estos momentos les es posible escapar de sus efectos gracias a que el potencial económico del primer mundo todavía sustenta el cambio de los mercados de venta.

Para ilustrar esto podemos acercarnos al ejemplo de Grecia; un país que en muy poco tiempo perdió su capacidad de consumo a causa de la acción conjunta de la mayoría de los agentes distorsionadores de flujos entre bolsas que hemos visto en este libro. El efecto apisonadora de un capitalismo descontrolado y las nefastas políticas de control de sus sucesivos gobiernos provocaron el despeñamiento económico del país. Actualmente la capacidad de consumo de sus ciudadanos está en la UVI económica debilitada por el desempleo, los bajos salarios y la cada vez más escasa cobertura de servicios públicos y prestaciones sociales ofrecida por un Estado agobiado por una deuda pública de imposible amortización. En este contexto es fácil imaginar que aquellos empresarios que vendieron sus productos en el país en los años de bonanza económica, obteniendo cuantiosos beneficios de ello, ahora habrán tenido que desviar sus ventas hacia otro lugar, y seguro que lo habrán hecho sin dificultad porque todavía les seguían quedando muchos sitios en este mercado globalizado donde poder seguir ofreciendo sus productos. ¿Pero qué pasará cuando cada vez más países se vayan incorporando a ese grupo de naciones sin capacidad de consumo o con un simple consumo de productos de primera necesidad?

Sólo es cuestión de tiempo que empecemos a ver muchas más muestras de Estados estrangulados económicamente por la presión de este capitalismo del beneficio rápido, y de que seamos testigo de cómo países que hoy se definen como economías emergentes vuelven a sumergirse en la pobreza sin apenas haber tenido tiempo de levantar visiblemente la cabeza.

Los empresarios serán los responsables de la quiebra del sistema económico si no facilitan los flujos de dinero entre bolsas. Como ya vimos, son los únicos que tienen el poder de detener esos flujos porque son los que tienen la capacidad de acumular el dinero. El resto de bolsas tienen muy poca o ninguna capacidad acumulativa y casi todo lo que reciben lo revierten en el circuito económico.

La idea obsesiva de reducir los costes laborales para incrementar los beneficios a corto plazo es una posición destructiva para el sistema, por eso los empresarios deberían desprenderse de ella y entender que, muy al contrario de lo que están haciendo, la mejor inversión y los costes más justificados que deben afrontar son los laborales.

Las empresas tienen la responsabilidad de permitir que sus empleados reciban unos salarios que les permitan vivir con dignidad y de que las sociedades en las que se asientan disfruten del suficiente bienestar para su desarrollo no sólo por solidaridad humana, sino por propio egoísmo ya que ésta es la única forma de que puedan mantener el nivel de consumo futuro que necesitan para sostener sus producciones. Los empresarios deben asumir de forma convencida que la acción conjunta de todos ellos en el ejercicio de esa responsabilidad tendrá la recompensa de nuevos y mejorados beneficios para todos. Al fin y al cabo, todo se reduce al ancestral modelo agrícola de sembrar en un momento para recoger frutos más adelante.

Cualquier hábitat natural en donde una especie acapare todos los recursos descontroladamente está condenado a la desaparición ya que sólo el equilibrio en el reparto de los mismos permite la supervivencia de todas las especies que lo forman. De la misma manera, dentro de cualquier sociedad humana, si un grupo acapara sistemáticamente los recursos de la mayoría condena irremediablemente al conjunto social a la destrucción.

La responsabilidad social del empresario es tan importante que en un mundo idealizado, sí que sería posible la utopía liberal de hacer desaparecer a los Estados de la ecuación del bienestar social. Naturalmente para eso se requeriría un nuevo concepto empresarial mucho más amplio en la que la relación empresa-trabajador adquiriera también una dimensión social mucho más global. Desgraciadamente la realidad es otra bien distinta, pero llegaría simplemente con un poco de sentido común por parte del conjunto de los empresarios para permitir que nuestra sociedad tuviera un futuro mucho más prometedor que el que se vislumbra en este momento.

CAPÍTULO VII

LOS ESTADOS

El dejar hacer a los mercados defendido por los teóricos del liberalismo económico como el mecanismo suficiente para obtener el equilibrio y la paz social es una falacia que se tambalea desde sus cimientos. Los mecanismos reguladores del equilibrio entre los intereses de los empresarios y los trabajadores no pueden quedar al libre albedrío de ninguna de las partes, porque no está precisamente en la naturaleza humana preocuparnos los unos por los otros hasta llegar al extremo de perder de forma espontánea una parte de nuestros intereses para cedérsela a los demás, y menos desde quienes detentan el poder hacia quienes sienten por debajo de ellos.

La relación empresario-trabajador es una relación desigual de fuerzas, por eso esperar que los empresarios velen por los intereses de los trabajadores sólo puede existir en el territorio de la utopía. No existe realmente la humanidad perfecta con la ética social necesaria para realizar de forma autónoma una redistribución de la riqueza equilibrada que nos permita a todos desarrollar nuestras vidas en un escenario de suficiencia económica.

Necesitamos de algún ente no divino que intermedie entre los hombres para evitar los abismos de desigualdad que se establecen en las sociedades no reguladas normativamente y que, a la vez, no permita que esas normas sean sólo leyes de la selva o simplemente leyes de los más fuertes. Este ente naturalmente no puede ser otro que el Estado.

La disociación tan fuerte que se está estableciendo entre los intereses de los empresarios y los de los trabajadores exige cada vez más la intervención de los Estados como los auténticos garantes de la cohesión social.

Siempre me ha gustado ver al Estado como un árbitro que controla el partido entre empresarios y trabajadores, y que permite que el juego siempre sea justo para ambas partes y adecuado para el disfrute de todos. Naturalmente si un árbitro pierde la imparcialidad y sus decisiones favorecen sólo a una de las partes el juego pierde su equilibrio y se desvirtúa. Cuando esto pasa en el deporte decimos que el árbitro se ha vendido a uno de los equipos. Pues bien, estos árbitros vendidos son los Estados de las derechas políticas que han ido ganando espacio mundial para permitir la libre expansión del capitalismo más irracional.

Durante décadas del siglo pasado vimos el auge de unos Estados que acuñaron y dieron sentido a la expresión "Estado del bienestar". Estados que entendieron bien su función y que derivaron sus actuaciones hacia la protección del ciudadano frente a su entorno social. Fueron tiempos, como dijimos, donde el propio capitalismo, moderado en sus pretensiones por tener enfrente a la amenaza comunista, permitió el progreso de las clases medias y accedió a que los Estados de su órbita canalizaran el bienestar social y el reparto de la riqueza (sobre todo en Europa donde la cercanía con la URSS exigía un cuidado especial).

Muerto el comunismo, el capitalismo cambia esta tendencia y entra en una dinámica de transformación interna de los Estados para que favorecieran sus pretensiones expansionistas.

El concepto de Estado comenzó a variar y las socialdemocracias fueron transformándose poco a poco en capitaldemocracias. Los juegos de las crisis se utilizaron como armas para ir aniquilando progresivamente los derechos sociales conseguidos hasta entonces, disfrazando los hachazos al estado del bienestar de "exigencias del nuevo entorno socioeconómico" hasta llegar al momento actual en el que se nos intenta hacer entender que lo que ya tenemos, que los logros alcanzados ahora son insostenibles y que es necesario ir deshaciéndonos de ellos en aras de la adaptación a los nuevos tiempos; a sus nuevos tiempos. Lo más curioso de todo es que son precisamente los que están en las élites del "más para mí" los que nos hablan de la insostenibilidad del sistema actual.

Esos del "más para mi" son los que han conseguido dar forma a unos gobiernos que atienden sus intereses por encima de los de la colectividad. Los llamamos gobiernos de las nuevas derechas y abarcan el espectro político que va desde la extrema derecha defensora de rancios valores sociales, hasta el pseudosocialismo de chaqueta de pana sobre camisa de Armani. Es un abanico tan amplio de opciones que aglutina en la mayoría de los países a un grupo de partidos curiosamente desigual en cuanto a las formas pero homogéneo en cuanto a intereses y que, desgraciadamente, ya superan con creces en casi todos los Estados las mayorías absolutas de sus parlamentos.

Son gobiernos marionetas del poder económico. Marionetas de la mano derecha de un teatro de títeres que junto con las marionetas de la mano izquierda: los medios de comunicación, escenifican un sainete de títeres magistralmente dirigido por las citadas élites económicas, y que la mayoría de nosotros, como simple público, reímos y aplaudimos entusiastamente.

De todas formas para conseguir esas risas y aplausos el titiritero necesita en su obra un villano cuyo simple nombre de miedo para que el público tenga claro contra quién va a combatir el bueno, y en estos momentos no hay mejor nombre de villano que el de "Antisistema", un malvado que quiere romper con todo lo bueno que hemos conseguido para instaurar el caos social. Naturalmente, ésta es una obra de engañosos personajes.

Resulta curioso observar como la derecha política, aprovechándose de su falsa concepción ideológica defensora del statu quo, se ha convertido realmente en su destructora. Esa derecha adalid ante su electorado de los valores tradicionales de la sociedad y crítica con los revolucionarios antisistema es precisamente la que está modificando nuestro entorno para adaptarlo a las exigencias de su dueño: el poder económico.

Por el contrario la izquierda (la izquierda no aburguesada), calificada por la derecha de reaccionaria y defensora de la quiebra del sistema y de sus estructuras, es la que lucha por el statu quo, la que trata de pelear para que las cosas no cambien a peor. La gente que se manifiesta en las calles contra las nuevas leyes o contra los cambios sociales que intenta imponer la derecha no son reaccionarios contra el sistema, son reaccionarios contra el cambio del sistema. Se manifiesta, en la gran mayoría de los casos, para que las cosas no cambien, para que una nueva ley no modifique los derechos que nos concedía la anterior, o para que una nueva política del gobierno de turno no dé al traste con los logros alcanzados.

Los que se manifiestan ante las reformas laborales, los recortes sociales o las leyes privativas de libertades son personas que defienden el statu quo, que defienden lo que hay, lo conseguido. Desgraciadamente, no estamos en tiempos que nos permitan pensar demasiado en alcanzar nuevas metas que mejoren la situación anterior, sino sólo en tiempos mucho más humildes donde nos conformamos con defender lo que ya tenemos con el único y simple objetivo de no perderlo.

Los reaccionarios antisistema son realmente los defensores de la derecha política. Son ellos los que están atacando el statu quo y modificando la sociedad y la economía. Sin embargo, como les conviene que creamos lo contrario, no dudan en utilizar todos los medios a su alcance para darle la vuelta a la verdad y hacernos entender que realmente la gente que protesta es una minoría inadaptada que sólo busca la fractura del sistema.

Cuando los medios de comunicación nos informan de una manifestación, los datos oficiales de participantes suelen intentar ridiculizarla y, por el contrario, cualquier acto agresivo de corpúsculos de dudosa intención y origen se difunde como representativo del conjunto de manifestantes. Es decir, lo que les interesa es hacernos creer a todos que las personas que salen a las calles con la única intención de decir "basta" son realmente un sector minoritario y violento de la población que intenta desestructurar el sistema con ataques injustificados.

Para reforzar todavía más la imagen defensora del status quo, la derecha siempre se ha vinculado ideológicamente con los grupos más conservadores de la sociedad, aquellos que se presentan a sí mismos como los garantes de las conductas sociales correctas y la moral perfecta porque se sienten avalados por la tradición, la historia e, incluso, por dios. Se trata de una vinculación clasista que se oculta generalmente tras falsos valores cristianos y patrióticos para enarbolar con falsa dignidad la bandera del saber hacer lo mejor para todos en cada momento.

La derecha no es más que un lobo con piel de cordero que esconde su intención de someternos a los cambios socioeconómicos necesarios para favorecer a las élites bajo un disfraz de sensatez ética e ideológica.

En este punto quiero dejar como curiosidad la definición de "Derecha Política" que nos da la Wikipedia porque que me ha parecido totalmente acertada y concordante con las descripciones y características que hemos expuesto y las que seguiremos exponiendo:

"Se conoce como derecha al segmento del espectro político que acepta las diferencias sociales como algo inevitable, natural o normal frente a la izquierda, que persigue la igualdad de la sociedad. No existe una definición estricta de derecha aunque dadas un conjunto de dicotomías como el individualismo frente a colectivismo, confesionalidad frente a laicismo, propiedad privada frente a propiedad pública de ciertas actividades económicas, igualdad de oportunidades frente a igualdad de resultados, tradicionalismo frente a reformismo social, conservadurismo frente a progresismo, la derecha se decanta estadísticamente por las primeras componentes de cada una de ellas en mayor proporción que la izquierda. Actualmente, el discurso político de la mayor parte de fuerzas de derecha habla favorablemente de la riqueza a través de la libre competitividad. El término derecha política tiene muchas connotaciones e ideas conflictivas en la actualidad, estando asociado a posiciones liberales (en contexto económico y democrático), capitalistas, conservadoras o religiosas. Engloba por tanto a

corrientes ideológicas muy diversas cuya separación puede ser tajante, aunque también pueden ser compatibles, que ante todo busquen el mantenimiento del orden social establecido (tradicionalismo, conservadurismo)".

La domesticación social

Los gobiernos de las nuevas derechas están desarrollando políticas orientadas únicamente a satisfacer los intereses de unos pocos a costa de desatender totalmente las necesidades reales de una ciudadanía cada vez más machacada por la globalización capitalista. No obstante, realmente lo malo no es que esto suceda, lo malo es que dejemos que suceda.

Afortunadamente la mayoría de las dictaduras quedaron atrás y ahora vivimos en Estados democráticos donde, por lo menos cada cuatro o cinco años, tenemos la oportunidad de renovar los gobiernos y parlamentos que nos dirigen, quitando de la poltrona del poder a aquellos que hayan tomado decisiones y medidas equivocadas para dejar paso a otras opciones de gobierno que rectifiquen lo mal hecho y ofrezcan nuevas políticas más cabales.

La derecha quiere configurar Estados cada vez más centrados en los deseos y necesidades de las élites económicas, pero para alcanzar este objetivo tiene que conseguir que la ciudadanía le de la confianza periódica en las urnas para así poder perpetuarse al frente de los gobiernos democráticos. Por esta razón la derecha necesita convencernos de que lo correcto, lo que debemos hacer todos es precisamente atender a los intereses de esas élites porque ellas son las que garantizan el bienestar general de todos.

Una vez un trabajador me dijo: "hay que contentar a los ricos porque ellos son los que nos dan de comer a los pobres". Este penoso mensaje es precisamente el que intentan transmitirnos los gobiernos de derechas y sus medios de comunicación y propaganda: la asimilación social de una especie de vasallaje consentido y asumido por todos para que la voz de unos pocos sea interpretada como la verdad o como un dogma de fe sin posible contestación.

El bombardeo de noticias sesgadas, comentarios interesados y opiniones dirigidas que leemos, oímos y vemos a diario en los medios de comunicación buscan nuestra domesticación para que asumamos como lógicos y necesarios todos los cambios socioeconómicos que nos quieran imponer los dirigentes políticos y económicos. Es un ejercicio de manipulación de la opinión pública y de control de la conciencia social.

El "laissez faire" del liberalismo económico ahora se ha transformado en el "déjennos hacer a nosotros". Ellos ya saben lo que nos conviene a todos y el que no esté de acuerdo con lo que digan y decidan es un "extremista antisistema".

Hoy en día gobernar debería significar convencer, pero desgraciadamente el convencimiento está siendo sustituido por el engaño, el miedo y la distracción. Son las viejas fórmulas de la política que deberían haber quedado obsoletas en nuestras modernas sociedades de la información y la racionalidad pero que, por el contrario, están más presentes que nunca, demostrando con ello la poca madurez política de la mayoría de los países.

La ideología política que quiere llegar o mantenerse en el poder no necesita convencer a los votantes con actos y decisiones que demuestren su buen hacer social, tan sólo necesita engañar en sus logros y objetivos, difundir el miedo sobre lo que las otras ideologías podrían hacer si gobernaran y, sobre todo, distraer de la preocupación política a todos los posibles votantes de esas otras ideologías. En definitiva, para conseguir el control político la derecha sólo necesita en las urnas unos pocos convencidos, otros pocos asustadizos y una masa de indiferentes.

Políticamente la sociedad se divide a mi entender en cuatro tipos de individuos: los convencidos por interés personal, los convencidos por fidelidad, los temerosos y los distraídos.

- Los convencidos por interés personal.

  Son los que obran y votan entendiendo cuál es la ideología política que más y mejor defiende sus intereses personales. En este rango estaría, por ejemplo, un miembro de la élite económica votando a un partido de la derecha, o un trabajador en paro y sobreviviendo de un subsidio votando a un partido de la izquierda. Naturalmente también valdría los ejemplos contrarios: el miembro de la élite económica votando a la izquierda o el parado votando a la derecha, siempre y cuando detrás de sus votos esté el convencimiento real de que la opción elegida es la que va a defender mejor sus intereses. De todas formas, y desgraciadamente, en estos casos es más frecuente la segunda posición (el parado votando a la derecha) que la primera (el miembro de la élite votando a la izquierda).

- Los convencidos por fidelidad.

  Son aquellos que votan al partido de toda la vida haga lo que haga o demuestre lo que demuestre con sus acciones, sin dar pié a ningún tipo de reflexión sobre si lo que hace y demuestra defiende o va en contra de sus intereses. Son votantes indiferentes a las decisiones de sus partidos y candidatos, y fieles a ellos de la misma manera que un hincha lo es a su equipo.

- Los temerosos.

Son las personas que ha asumido la idea del: "más vale lo malo conocido que lo bueno por conocer" y no son capaces de entender que lo malo hay que cambiarlo cuantas veces sea necesario hasta llegar a lo bueno porque, por propia definición, lo malo nos destruye.

- Los distraídos.

Son los desinteresados por la política porque no ven la relación causa-efecto entre lo que la política decide y las repercusiones que esas decisiones tienen en sus vidas. Normalmente son personas atadas a la cotidianeidad y distraídos en todo lo referente a la política que, o no votan (los del: "total, todos son iguales") o si lo hacen, su voto va ligado a estereotipos tales como la apariencia de los candidatos, los chascarrillos del entorno mediático, o la opinión de otros (amigos, familiares, jefes, etc.).

A los gobiernos de derechas les convienen las sociedades aborregadas con individuos pendientes sólo de la inmediatez y lo cercano; lo opuesto, las sociedades racionales con gente preocupada por el futuro y la colectividad, y críticas con las decisiones políticas les restan libertad de acción y frenan sus objetivos de adaptación social a los deseos de las élites económicas. Cuanto más cerrada, egoísta e insolidaria es una sociedad, y cuanto más analfabetos, irracionales y carentes de empatía son los individuos que la conforman, más fuerza encuentra la derecha para expandirse y perpetuarse en el poder.

Con nuestros hábitos de vida distraídos y ajenos al entorno social que nos rodea; con nuestras ataduras al consumo; con nuestra incapacidad para decir "¡no, por ahí no paso!"; con nuestro dejar hacer a gobiernos títeres del sector empresarial; con nuestro ver para otro lado; o con nuestro "¡vale, mientras a mí no me afecte!", estamos permitiendo nuestra desaparición como individuos y consintiendo que las democracias se estén convirtiendo en dictaduras de cuatro años en manos de los de siempre.

Somos capaces de salir a las calles para defender a nuestro equipo de futbol pero dudamos cuando se trata de defender nuestros derechos; empatizamos con los infortunios de los famosos de turno y nos olvidamos de los nuestros; vivimos un mundo virtual de pantallas de televisión, ordenador o teléfono y obviamos el mundo real. Estas son precisamente las actitudes que benefician a los que nos gobiernan y están encantados con ellas. El entretenimiento y distracción de la población les sirve para actuar con libertad en la toma de decisiones e ir acercándonos poco a poco a su modelo de Estado. Esta fórmula de gobierno no es nueva; es, con las adaptaciones necesarias a estos tiempos, la misma que empleaban los emperadores romanos cuando distraían a la población con el Circo y los festejos para poder actuar libremente sin ningún tipo de cuestionamiento popular.

Deberíamos ser capaces de levantar los ojos y negarnos al vasallaje, darnos cuenta de lo que están haciendo con nosotros, y apartar a aquellos que sólo buscan su beneficio y el de una cúpula selecta de jefes y amigos.

Aunque muchas veces sesgada, tenemos a nuestro alcance la información necesaria para valorar nuestro entorno y poder enjuiciar las decisiones y medidas que adoptan nuestros gobernantes, sus formas habituales de actuación y el fin que persiguen con ellas. La consciencia real de nuestra situación y de las pretensiones de aquellos que nos gobiernan es la base sobre la que podremos exigir los cambios socioeconómicos necesarios para que el ideal del estado del bienestar no se derrumbe delante de nuestros ojos y, lo que es peor, nos convirtamos en consentidores de su derrumbe.

La sostenibilidad del Estado del Bienestar.

¿Cuál queremos que sea la función del Estado: la de comparsa de la expansión capitalista o la de garante del equilibrio social y económico?

La respuesta es obvia porque, aunque sólo sea bajo el argumento del número de beneficiarios, la expansión capitalista sólo favorece a unos pocos, mientras que el equilibrio social y económico nos favorece a todos. Sin embargo, pese a la simplicidad, vamos a ver que lo que realmente estamos apoyando actualmente es lo primero. Les estamos dando nuestra bendición a unos Estados que no dudan en sacrificar los beneficios sociales de todos para aumentar los beneficios empresariales de algunos.

El concepto de estado del bienestar se fundamenta en la redistribución de la riqueza y en el equilibrio social. Sin estos dos elementos la tendencia natural del sistema es la desigualdad económica y el dominio social de unos sobre otros. Es una tendencia cimentada en nuestra naturaleza humana que, a pesar de milenios de vida en comunidad, sigue siendo profundamente egoísta e incapaz de alcanzar la empatía necesaria entre individuos para que las relaciones sociales sean posibles sin la existencia de una entidad de poder que las regule y controle. Me refiero, naturalmente, al Estado; el único agente capaz de mediar en los conflictos de intereses entre personas y grupos.

Por esta razón los Estados deben ser los entes que garanticen tanto la redistribución de la riqueza como el equilibrio social. Son los únicos que pueden desarrollar estas funciones porque sólo ellos tienen la fuerza suficiente para intermediar entre aquellos que detentan el poder económico y el resto de sociedad.

Los Estados deben ser los motores del flujo empresarios → trabajadores, paliando sus deficiencias estructurales y procurando la cobertura de los servicios y necesidades humanas que no proporcionan de forma natural las relaciones entre ellos. Es decir, por un lado deben regular de manera real y eficaz el ejercicio de poder de los primeros sobre los segundos corrigiendo cualquier imposición abusiva de los empresarios en materia de salarios, contrataciones y derechos laborales y, por otro lado, deben financiar los servicios que necesitan sus ciudadanos incidiendo fundamentalmente en el objetivo de la redistribución general de la riqueza.

Mientras los gobiernos continúen haciéndole la cama al gran sector empresarial seguirá abriéndose la brecha social entre ricos y pobres. Una brecha que se produce precisamente por el fallo de funcionamiento de los Estados en dos aspectos fundamentales: la parcialidad en la relación empresarios-trabajadores y la errónea financiación de los servicios públicos.

Parcialidad en la relación empresarios-trabajadores.

Los gobiernos de la derecha y de la falsa izquierda instalados en la práctica totalidad de los Estados han orientado sus reglamentaciones laborales hacia el beneficio empresarial, provocando como resultado un desamparo progresivo del trabajador frente al empresario. Se ha precarizado el empleo hasta convertirlo en un pelele del poder económico.

Condiciones profesionales cada vez más indignas, tipos de contratación que rozan lo burlesco, derechos laborales pisoteados y salarios condenados a la caída libre han sido avalados por unos gobiernos que nos han vendido la vergüenza de sus decisiones como "lo mejor para todos".

Hablamos de gobiernos entregados a las causas de las élites que ven al ciudadano como una máquina que debe adaptarse a la voluntad del empresario al que sirve y que entienden que todo el entorno social tiene que acomodarse a las formas que más les convengan a esas élites para facilitarles sus actividades. En definitiva, son gobiernos liberales que creen que los Estados deben reducir su intervención en la sociedad y deben entregarle la mayor parte posible de la economía al sector privado.

Lo peor de esta situación es la perspectiva de futuro que le plantea a los jóvenes. Los problemas del presente puede que sólo sean una sombra de los que les esperan a las nuevas generaciones si nuestros gobiernos siguen manteniendo sus políticas de defensa del empresario y de supeditación del trabajador a los intereses de éste.

La precariedad laboral a la que se verán sometidos nuestros hijos no les permitirá desarrollar sus vidas con la misma solvencia con la que hemos podido hacerlo nosotros. Se dibuja para ellos un escenario de incertidumbre económica que, si no se corrige, puede llegar a convertirlos en la generación del declive, la generación que empiece a vivir en peores condiciones que sus progenitores y acabe rompiendo la esperanzadora tendencia de mejoras socioeconómicas del último siglo.

Financiación equivocada de los servicios públicos.

Éste es el segundo aspecto que marca actualmente el mal funcionamiento del sistema y el deterioro de las funciones de los Estados. Ya hemos hablado de él, pero conviene recordarlo en este momento porque se trata de una de las piezas claves de la destrucción del estado del bienestar.

La búsqueda cada vez más directa de las financiaciones estatales en las rentas salariales está abocando a los Estados a convertirse en entes incapaces de corregir los desequilibrios sociales y de suministrar los servicios esenciales a la población.

Ya analizamos en el primer capítulo la imposibilidad de sostener el estado del bienestar sobre los hombros de aquellos a los que tiene que favorecer. Los salarios no pueden ser el instrumento de la financiación estatal. Están castigados por demasiados agentes externos como para soportar semejante peso económico.

Parémonos unos momentos y pensemos para qué debe valer actualmente un salario:

1. Para pagar el consumo pasado materializado en las cuotas de los préstamos bancarios que todos hemos pedido.

2. Para permitir el consumo presente cada vez más plagado de objetos y necesidades, y sustentar con él la dinámica de crecimiento del capitalismo.

3. Para asegurar nuestro consumo futuro.

   Debido a la reducción de las cotizaciones sociales y al envejecimiento de la población de nuestras sociedades occidentales, cada vez son más frecuentes las voces que nos advierten de la insostenibilidad de los sistemas públicos de pensiones y de la necesidad de buscar la seguridad económica de nuestra jubilación contratando mecanismos privados de financiación, es decir, nos indican que debemos invertir una parte de nuestro salario actual en planes de pensiones que aseguren nuestra renta y capacidad de consumo en el futuro.

4. Para atender servicios públicos que acostumbrábamos a recibir gratuitamente y que ahora tenemos que pagar total o parcialmente.

Este nuevo concepto de gasto de nuestros salarios se manifiesta de dos formas distintas:

- Directamente. Cuando las Administraciones Públicas deciden dejar de dar un servicio o cuando lo transforman en un servicio de copago, obligando a los ciudadanos asumir una parte de su coste.

- Indirectamente. Cuando, sin dejar de dar el servicio, las Administraciones Públicas reducen su calidad. Se trata de una forma sibilina de actuación que persigue dos fines: la reducción del gasto público y, la más importante, el desvío de los servicios públicos hacia el sector privado.

Los recortes en la financiación de algunos servicios públicos está provocando una pérdida de su calidad que poco a poco va consiguiendo que el usuario de estos servicios asuma que si quiere cubrirlos adecuadamente tiene que adquirirlos en el sector privado.

Esto sucede habitualmente en dos sectores básicos del estado del bienestar: la sanidad y la educación, donde la pérdida de su calidad obliga, en la medida de las posibilidades económicas de cada ciudadano, a buscar alternativas al servicio público. Si la calidad de la educación de nuestros hijos depende de centros con aulas masificadas y sin recursos pedagógicos, o si nuestra salud y la de nuestra familia dependen de listas de espera cada vez más dilatadas o de centros sanitarios cada vez más desbordados de trabajo, lo lógico es que nuestra tendencia natural a la autoprotección nos lleve a buscar la cobertura de esos servicios por otros medios, que, naturalmente, han de ser privados y de alto coste para nuestros bolsillos.

Los gobiernos de derechas no acostumbran a dar puntada sin hilo en la búsqueda de sus objetivos.

5. Para el pago de impuestos.

Recordemos que en la actualidad casi todos los Estados están centrando la financiación pública en la recaudación de los impuestos que inciden directa o indirectamente sólo sobre las rentas de los trabajadores (en España esta financiación supera el 80%).

Son demasiadas cargas para un pobre salario que, además, está en constante retroceso a causa de los recortes a los que se ve sometido por la acción de los empresarios y por las facilidades regulatorias que permiten los Estados.

Mientras tanto, la bolsa de los beneficios empresariales sube de manera exponencial gracias a la reducción de los costes laborales y a la escasa carga impositiva que ejercen sobre ella la mayoría de los Estados. Acordémonos de que tanto la baja fiscalización de los beneficios declarados, como la permisividad evasiva de los no declarados liberan los flujos de salida de la bolsa empresarial favoreciendo su crecimiento.

¿Qué necesitamos?

La expansión del capitalismo requiere que las reglas del juego socioeconómico favorezcan sus intereses y que todo el mundo se adapte imperativamente a ellas para que nada ni nadie pueda obstaculizar su libertad de acción.

Bajo estas necesidades, el primer paso natural a seguir es obtener el favor de los gobiernos estatales porque ellos son los responsables de dictar el marco normativo que da forma a esas reglas de juego. Es el objetivo estructural sobre el que se articula el control social que anhela el capitalismo para expandirse libremente sin encontrar obstáculos en el camino que puedan frenarlo.

El sector empresarial necesita la afinidad de los gobiernos para construir Estados en los que sus intereses marquen las agendas políticas y establezcan las prioridades normativas y, sin duda, lo está consiguiendo porque estamos claramente inmersos en un nuevo orden socioeconómico gestado sobre el servicio y apoyo al productor (el empresario) en detrimento del demandante (el trabajador).

Nos encontramos con Estados cada vez más entregados a las causas empresariales, con gobiernos afines y gobernantes amigos que aseguran su propio futuro y prosperidad dentro del sistema. El capitalismo y la derecha política van de la mano ayudándose mutuamente en una continua rueda de favores que acaba formando fructíferas alianzas de trabajo e, incluso, vínculos de amistad. Por esta razón, y si no queremos que la política, la economía y la sociedad se conviertan en meros instrumentos de complacencia del mundo empresarial debemos responsabilizarnos de dar forma a gobiernos que nunca pierdan de vista al ciudadano como el centro de sus decisiones, y que establezcan como prioridad de su gestión la búsqueda constante del estado del bienestar.

A tenor del apartado anterior es fácil determinar cuáles son las modificaciones que necesitan realizar los Estados para recuperar el sentido del ahora maltrecho estado del bienestar y con él, devolvernos a los ciudadanos la dignidad social que se nos está arrebatando:

-   Regular con sensatez las relaciones empresario-trabajador.

    Por el propio sentido de la relación empresario-trabajador, el primero siempre está en una situación de poder sobre el segundo. Es el empresario el que siempre tiene la sartén por el mango porque es el fuerte del binomio. Si a eso le sumamos también el apoyo del Estado al empresario, entonces tenemos a un trabajador indefenso y que poco o nada puede hacer para mejorar su situación presente y futura. Buscando un símil futbolístico, vendría siendo como si el Real Madrid o el Barcelona jugaran contra un equipo de segunda división y el árbitro también estuviera comprado por los primeros.

    Los Estados, entendidos de nuevo como los árbitros necesarios en la relación empresario-trabajador, no pueden perder su imparcialidad en la regulación y control del juego. Necesitamos, cada vez con mayor urgencia, que los Estados recuperen su funcionalidad y vuelvan a actuar como los garantes del equilibrio en las relaciones productivas y laborales que toda sociedad requiere para su avance impidiendo el abuso de poder de la clase empresarial sobre la trabajadora.

-   Buscar la financiación de los servicios públicos en base a la capacidad real de cada bolsa de dinero.

    Tan importante o más para un Estado que la función de control de las relaciones empresario-trabajador son las funciones de gestión de los servicios públicos y de defensa de los derechos sociales.

    Estas funciones requieren un consumo público que sólo puede efectuarse si se lleva a cabo una recaudación adecuada y justa que garantice los suficientes recursos económicos. "Adecuada y justa", porque debe obtenerse de forma proporcional a la capacidad contributiva de cada bolsa de dinero, y "que garantice los suficientes recursos económicos", porque no debe forzar el recorte de servicios básicos, ni la emisión descontrolada de deuda pública que embargue el propio futuro del Estado.

De lo que se trata es de conseguir Estados justos que se desliguen del capitalismo irracional y entiendan al ciudadano como un objetivo y no como un medio para los fines de las élites.

Es precisamente en esas élites en las que los Estados se tienen que centrar para buscar su financiación y mantener el objetivo del bienestar de todos. No se puede dejar la carga de la financiación pública sólo sobre la clase trabajadora. Deben ser los que más tienen los que más contribuyan a ella y para conseguirlo los Estados deben actuar en dos frentes diferentes: recurrir a formas impositivas que graven en mayor medida los beneficios empresariales y las grandes fortunas, y luchar con verdadera intención contra la evasión fiscal y sus paraísos.

Por alguna extraña razón, la mayoría de los Estados adolecen de algunos o de todos los siguientes defectos de funcionamiento:

- Pocos recursos humanos y técnicos en los departamentos de inspección de Hacienda y concretamente en la inspección responsable de los que más tienen.
- Amnistías fiscales de dudosa funcionalidad.
- Baja presión impositiva sobre ciertos beneficios empresariales.
- Escasa o nula fiscalidad sobre los grandes patrimonios.
- Exenciones de impuestos para algunas confesiones religiosas.
- Poco interés real en la lucha internacional contra los paraísos fiscales y la ingeniería financiera que los crea.

Se tratan de auténticas fuentes de posible financiación estatal no explotadas debidamente en las que cuesta no ver cierta intencionalidad. Es demasiada casuística como para no intuir la acción de una oscura mano política que busca favorecer o, por lo menos, no agraviar al sector económico más fuerte.

Sin embargo, mientras se produce todo esto, nuestros gobiernos continúan acribillando a los trabajadores con nuevas subidas de impuestos sobre sus consumos y rentas justificándolas en la necesidad del equilibrio de las cuentas públicas, es decir, las cuentas de todos: ricos y pobres.

Parece que social y económicamente todo tiene que depender de la aportación y solidaridad del trabajador. Hasta las ONGs tienen que recurrir a la empatía social si quieren obtener los fondos suficientes para poder ayudar no sólo a los ciudadanos del tercer mundo, sino a nuestros propios conciudadanos. Y todo porque tenemos unos gobiernos que son incapaces de reconocer y paliar las situaciones de necesidad y precariedad económica en la que viven cada vez más personas, personas a las que, por otro lado, en la mayoría de los países occidentales están obligados constitucionalmente a amparar y que, sin embargo, poco a poco van condenando al olvido institucional para acabar configurando pozos de auténtica miseria social.

A los gobiernos de derechas les es más fácil reconocer las necesidades de las grandes empresas que las de sus ciudadanos y nunca dudan en utilizar los fondos públicos para ayudar a los primeros a costa de recortar los destinados a los segundos.

Todos estos hechos son los que marcan la necesidad de encontrar una nueva definición de Estado que nunca podremos conseguir en los gobiernos de la derecha ni de la falsa izquierda. Sólo obtendremos la solución real a la indiferencia con la que somos tratados con la exigencia en las urnas de gobiernos que apliquen políticas sociales y económicas no alineadas con el poder de las élites.

Como individuos tenemos la capacidad de entender la verdad de la sociedad en la que vivimos; como colectivo consciente de esa verdad tenemos el poder para cambiar los gobiernos que dirigen esa sociedad; y esos gobiernos son los únicos que tienen el poder suficiente para cambiar el sistema. Es decir, en nosotros y en nuestra consciencia de la realidad que nos rodea está la fuerza para cambiar nuestra degradada situación actual y para defendernos de aquellos que sólo nos ven como números en sus ecuaciones de beneficios.

Al rico no le preocupa que la sanidad pública desaparezca; ni que el acceso a la justicia cueste cada vez más dinero; ni que la calidad de la educación de sus hijos dependa de los recortes del gobierno de turno; ni que las ayudas para los desempleados dejen de existir; ni tan siquiera, que no sea posible el pago de las pensiones en el futuro, porque él tiene garantizado todo eso y mucho más con su dinero. Entonces, si el rico no tiene las mismas preocupaciones que yo y vota a la derecha porque inteligentemente sabe que defiende sus intereses, ¿cómo voy yo a votar al mismo partido político que él?

La derecha y la falsa izquierda no me representan, no defienden mis derechos ni se preocupan realmente por mis problemas, sólo les interesa mi voto para perpetuarse en el gobierno y así poder dar forma libremente a un modelo de

Estado que le garantice el máximo beneficio a las élites económicas.

Realmente, de lo único de lo que se trata es de restablecer la dignidad del concepto de Estado y de devolverle el sentido de institución que garantice la justicia social, la corrección de los desequilibrios y la defensa de todos aquellos a los que el sistema se esfuerza en excluir.

Los peligros de las ideologías.

Todos los seres humanos de manera consciente o inconsciente adaptamos nuestra conducta a unas creencias vitales que dan forma a la parte no genética de nuestra personalidad. Estas creencias nacen y evolucionan en nosotros como consecuencia de la educación que recibimos, de nuestras vivencias personales y, sobre todo, del entorno social en el que nos desenvolvemos. Día a día nos vemos sometidos a un bombardeo incesante de noticias, opiniones, valoraciones y voces de adoctrinamiento que nos intentan influir para que tengamos un determinado comportamiento o sigamos una determinada ideología.

Los adoctrinamientos destinados a moldear el comportamiento buscan nuestra reacción física ante determinados estímulos. Entre este tipo destacan la publicidad y el marketing en general, que intentan, como todos sabemos, orientarnos hacia ciertos consumos o, incluso, hacia ciertos estilos de vida. Se tratan de adoctrinamientos a veces peligrosos porque pueden desembocar en conductas dañinas para el individuo (frustración, depresión, dependencia, etc.), sin embargo, los adoctrinamientos que considero socialmente más peligrosos son los que buscan integrarnos dentro de una ideología concreta, porque son estas ideologías y, sobre todo, la forma en la que cada persona las interpreta, las que definen las conductas humanas que acaban moldeando toda la sociedad en la que vivimos.

Podemos definir una ideología como un conjunto de pensamientos, normas, razonamientos y valores que interpretan de manera estructurada cada una de las partes que configuran la dimensión humana (la moral, la política, la religión, la ciencia, la economía, la cultura...) y, como norma general, unos las crean, otros ayudan a interpretarlas y darles forma, y la mayoría simplemente las seguimos dándoles sentidos diferentes según nuestras necesidades particulares.

Dentro del conjunto de ideologías de esta definición son las de carácter social y moral las que plantean los problemas reales de convivencia en la sociedad. Es cierto, por ejemplo, que en el ámbito científico o en el cultural nos encontramos con ideas o teorías contrapuestas que enfrentan a sus seguidores, pero es un enfrentamiento que no provoca conflictos sociales ni tienen repercusiones que vayan más allá los círculos académicos.

Son las ideologías políticas, económicas, filosóficas y religiosas las que realmente están detrás de los problemas sociales, las que sustentan las bases teóricas utilizadas para dar sentido racional a lo irracional.

En un sentido estricto este tipo de ideologías pueden amparar tres clases diferentes de agentes destructores del equilibrio social:

- Los contenidos teóricos de la ideología.
- Los instrumentos y métodos utilizados por sus seguidores para expandir la ideología.
- La interpretación personal de la ideología que haga cada individuo.

Los contenidos teóricos de la ideología.

Evidentemente el primer peligro de cualquier ideología social o moral es la propia ideología, es decir, sus fundamentos teóricos y propuestas. No quiero decir con esto, ni mucho menos, que este tipo de ideologías sean destructivas, a lo que me refiero es que algunos contenidos de ellas pueden ser la causa de muchos de los problemas sociales que sufrimos.

Si el comunismo propone como uno de sus fundamentos la colectividad de la propiedad en una sociedad sustentada mayoritariamente en la propiedad individual, la generación de conflictos sociales estará garantizada, y lo mismo podemos decir del liberalismo si propone entre sus principios ideológicos la minimización del Estado, porque estará dejando a la mayoría social en manos de los grupos de individuos que detenten el poder económico y con ello propiciando la desatención de las necesidades de todo aquel que no pueda comprarlas. Estos son ejemplos de cómo algunas partes de las ideologías pueden dañar claramente la paz y la justicia social.

Podemos encontrarnos también ideologías enteramente nocivas para la sociedad como es el caso de todas las ramas ideológicas de la ultraderecha o de las religiones nacidas de la locura de líderes sectarios, pero lo habitual es que sólo algunos de los contenidos de las ideologías sociales predominantes sean realmente peligrosos para la estabilidad comunitaria.

Lo cierto es que, como veremos más adelante, lo realmente peligroso de las ideologías es el sesgo personal que cada individuo o grupo hace de ellas. Hasta en los dos claros ejemplos anteriores del comunismo y el liberalismo, en un mundo humano perfecto tales errores ideológicos seguramente no lo serían, es decir, ni la colectivización de la propiedad sería un problema si los responsables gubernativos de su implantación fueran justos y equitativos en el reparto y no unos simples burócratas celosos de sus intereses personales, ni la minimización de los Estados propuesta por el liberalismo sería imposible si la redistribución de la riqueza se produjera de forma espontánea y racional entre todas las personas sin la necesidad de una entidad reguladora.

Son los contenidos ideológicos que no tienen en cuenta la naturaleza humana los que pueden dar lugar por su facilidad de distorsión a toda una larga serie de problemas sociales.

Los instrumentos y métodos utilizados por sus seguidores para expandir la ideología.

Todas las ideologías nacen con la intención de conseguir seguidores que las ayuden a configurar un gran espacio de existencia. Todas quieren progresar y expandirse para llegar al mayor número posible de individuos y así imponer su hegemonía doctrinal sobre el resto de ideas.

El liberalismo, el catolicismo, el evolucionismo o el ecologismo son ideas económicas, religiosas, científicas o de conducta social que pretenden calar en el mayor espectro posible de población para imponerse sobre el resto de las ideas existentes (socialismo, islamismo, creacionismo, consumismo…).

Es precisamente en esa búsqueda de adeptos en donde se encuentra uno de los mayores peligros de las ideologías sociales y morales, concretamente, esos peligros están en los métodos utilizados por las personas o grupos interesados en que una determinada idea progrese.

La historia nos demuestra que cuando a algunos individuos les interesa el avance de una ideología no dudan en hacer lo que sea para conseguirlo. Las ideas políticas, económicas y religiosas han estado posiblemente detrás de más sufrimiento humano que todo el resto de causas (hambre, enfermedades, desastres naturales…). Por estas ideas hemos matado, torturado y sometido a pueblos y civilizaciones enteras y todo ello únicamente para satisfacer los deseos de poder de unos pocos.

La evangelización de la iglesia católica, los ideales unificadores de pueblos de los imperios, la prosperidad del proletariado del comunismo o la exaltación de la libertad del individuo del liberalismo sólo han sido simples herramientas sicológicas utilizadas por unos pocos para convencer y dominar a las masas.

La interpretación personal de la ideología que haga cada individuo.

En todas las ideologías podremos encontrar errores o puntos con los que nunca vamos a estar de acuerdo, sin embargo, dejando aparte las doctrinas extremistas y de oscuros valores morales, la gran mayoría de ellas no incluye en sus definiciones justificación alguna para las retorcidas acciones que llevan a cabo muchos de sus seguidores. Ninguna religión obliga a matar en su nombre; ninguna idea política ampara el robo, la pérdida de derechos o el desprecio al ciudadano; ningún credo científico propone el sufrimiento humano; ni ningún ideal ético o moral justifica la violencia, sin embargo, vemos que todo esto ocurre a diario a nuestro alrededor en supuesta defensa de esos ideales, lo cual nos lleva a deducir que en la mayoría de las ocasiones los errores y problemas que nos encontramos en la sociedad no están en las ideologías, sino en las personas que las practican y en la interpretación y uso que hacen de ellas. Es la tergiversación personal intencionada la que desacredita a las ideologías al transformarlas en simples instrumentos justificativos de las acciones más detestables del ser humano.

Unos matan porque lo dice su religión, otros porque lo dice un ideal independentista, y otros porque lo dice su modelo social racista, pero en realidad todos matan porque les gusta matar, y esto, aunque representa el caso extremo del uso egocéntrico de las ideologías, es en su fundamento lo mismo que le sucede al empresario cuando utiliza la libertad de acción y negocio que le da el neoliberalismo para explotar a sus empleados o para contaminar el medio ambiente, o lo que le sucede a la jerarquía de la iglesia cuando apela a la misión evangelizadora de la doctrina católica para inmiscuirse en los asuntos públicos de los Estados laicos, o lo que le sucede al político de derechas cuando enarbola la bandera del patriotismo para expulsar a inmigrantes o incrementar el gasto en defensa. La realidad de esto es que la mayoría de nosotros nos sentimos mejor cuando creemos que nuestras acciones se apoyan en una base ideológica que, como mínimo, va a darnos el respaldo de todos los correligionarios de esa ideología.

Una vez integrado dentro de una determinada ideología cada persona la utiliza para un fin distinto adaptándola a su manera para dar respuesta a un problema o a una necesidad concreta.

Entre esas necesidades destacan las siguientes:

-   Justificación de acciones: para los que se sienten mejor justificando sus vilezas tras un credo o ideal que los respalde. Son los casos expuestos anteriormente, en los que las personas buscan razones ideológicas para defender sus actos.

- Definición personal: para los que buscan vivir de acuerdo con determinada doctrina orientadora. La ideología se convierte en estos casos en una especie de guía que ofrece las pautas a seguir por la persona en cada momento de su vida.

- Pertenencia a un grupo: para los que necesitan formar parte de colectivos que los acojan y valoren.

- Posicionamiento individual: para los que quieren definirse dentro de un campo de pensamiento en contraposición a otros.

- Perpetuación de una tradición: para los que nacieron y fueron educados bajo una influencia específica y, sintiéndose cómodos en ella, quieren darle continuidad.

- Interés particular: para los que saben que dentro de determinada ideología o grupo ideológico van a conseguir más fácilmente sus objetivos personales.

En la línea de este tercer problema derivado de las ideologías, interpretar la política, tanto o más que entender las diferentes opciones doctrinales que la componen, es saber qué tipo de personas la ejercen. En política, como en el resto de disciplinas, las ideologías marcan unas líneas o pautas de actuación, pero son sus actores, los políticos, los que las ponen en práctica a su manera, por eso, al igual que resulta imposible desligar la sociedad de los individuos que la componen, también resulta imposible separar la política de las personas que la ejercen.

Creo que la definición de político debe ser la de una persona que, anteponiendo el bien común frente al de unos pocos, ejerce tareas de gobierno democrático sin ningún tipo de interés personal y con el objetivo fundamental de conseguir la justicia y el equilibrio social.

Muchos pensaréis que no existe ningún político que se adapte a esta definición en todos sus términos; y quizás tengáis razón, pero que no exista o que no conozcamos a ninguno, no significa que debamos desistir de su búsqueda. Nuestra obligación como ciudadanos responsables de la sociedad que nos toca vivir y de la que deben heredar nuestros hijos es encontrar a los políticos que mejor se adapten a esta definición.

La mayoría de los políticos tienen una gran capacidad para el engaño, y en base a ese engaño podemos equivocarnos y llegar a situarlos en el poder, sin embargo, lo que no podemos consentir es perpetuarlos en ese poder elección tras elección cuando, habiendo gobernado una primera vez, han demostrado sobradamente con sus actos que no se adaptan a esta definición porque han antepuesto el bien particular al común, o porque han buscado su propio interés y beneficio, o porque sus objetivos no han sido conseguir la justicia y el equilibrio social que se les exige.

La búsqueda del buen político tiene que ser para todos un ejercicio constante de valoración de las acciones del gobierno, siendo en todo momento muy conscientes de si las leyes aprobadas y las medidas adoptadas responden a la idea del beneficio colectivo o sólo al de la atención de los intereses de unos pocos.

Tipos de políticos.

La variedad de los políticos que se sientan en todas las instituciones democráticas del poder abarca una tipología humana que va desde "el político comparsa" que ocupa un puesto porque alguien lo invitó y sólo entiende la política como un empleo bien remunerado, hasta "el político de buena fe" que intenta hacer y no le dejan.

En medio de esos dos extremos se asienta un grupo de personajes que sólo se sirven de la política y de sus ideologías para confeccionarse un traje a medida. Se trata de políticos no vocacionales que encuentran en la actividad política y en su afiliación a una determinada ideología la forma de satisfacer algunas de las necesidades personales que hemos visto, aunque entre ellas destacan las dos últimas de la relación: la perpetuación de una tradición y el interés particular, porque dan origen respectivamente a dos tipos de políticos que todos conocemos y que en algunas ocasiones confluyen en una misma persona:

-   El político clasista.
-   El político corrupto.

Dada la relevancia de estos personajes creo que merecen referencias especiales.

El político clasista.

Aunque pueda parecer algo pánfilo, nunca he podido explicarme intelectualmente al que teniendo no entiende al que no tiene, al que justifica las desigualdades y las defiende desde un pedestal de impunidad, al cristiano de misa de doce que desprecia la pobreza y venera la riqueza, y mucho menos, al que niega derechos a otros que sí se concede a sí mismo. Nunca he entendido el por qué de estas contradicciones, ni tampoco qué es lo que nos desconecta de nuestro entorno social y nos hace cambiar la empatía por los demás por el frio desprecio.

Sea lo que sea, lo cierto es que el origen de las injusticias sociales se sustentan en este desprecio de unos hacia otros y en la incapacidad del afortunado de ponerse en la piel del infortunado.

En la mayoría de las ocasiones lo único que nos diferencia a las personas es el sitio y la condición social de nacimiento, o la suerte que haya acompañado la vida de cada individuo, sin embargo, convertimos esas diferencias tan pueriles en el argumento para considerarnos distintos y con más o menos derechos que los demás.

El hecho en sí forma parte de un clasismo muy arraigado del que pocos se atreven a hablar por resultar políticamente incorrecto y difícilmente justificable, pero que sin embargo, existe y da forma a la mayoría de las relaciones humanas, acercándonos socialmente más a conceptos de convivencia de muchos grupos de animales y de las sociedades primitivas que a la idea de una sociedad moderna y racional.

No obstante, la existencia de clases sociales diferenciadas por el dinero, el poder público o el prestigio no es realmente el problema, el problema es que los que están o se sienten dentro de esas clases se crean con más derechos que el resto por el simple hecho de pertenecer a ellas.

Esa pertenencia a una clase social se convierte para muchos en un factor diferenciador por el que se arrogan derechos y poderes que no reconocen a los demás, marcando una especie de linajes que los hace sentir superiores y con la prerrogativa de poder exigirle a los de las clases inferiores que soporten situaciones y condiciones de vida que no conciben en su propia piel. Ven la sociedad bajo un prisma ideológico de segregación de grupos humanos con distintas dignidades que marcan hasta donde debe o puede llegar cada persona.

Los comportamientos de estos individuos clasistas tienen dos orígenes diferenciados: la educación y el entorno, y el convencimiento adquirido. En otros términos, también podríamos diferenciarlos con la denominación de "clasista de cuna" y "clasista por elección personal".

El primero es el que ha sido influenciado desde su nacimiento por un entorno y educación de clase, y no ha sabido o no ha querido madurar intelectualmente lo suficiente para desligarse de ese influjo y llegar a entender que los seres humanos no estamos segmentados por cuna, posición o dinero y que todos somos iguales.

En el segundo caso es el del individuo que no ha nacido ni ha sido educado en un entorno clasista (incluso es probable que proceda de entornos muy humildes), pero ha desarrollado e idealizado la conciencia de clases sociales como forma de progresión personal y de diferenciación frente al resto.

Los dos desarrollan sus vidas satisfechos y convencidos de que la idea de la diferenciación de clases es una verdad universal respaldada y demostrada religiosa, política, ética y hasta científicamente. La jerarquía social se establece en ellos como un dogma de fe lógico que todos debemos esforzarnos en entender y asimilar. Interiorizan esa idea social y la hacen extensiva a sus acciones, y es ahí donde está el problema, porque lo que debería quedar como mucho circunscrito tan sólo al ámbito del pensamiento, se traslada a los hechos que nos afectan a todos.

El clasismo es un enemigo de la empatía que impide que la persona que lo ejerce tenga la capacidad de entender los problemas de los que no considera a su nivel social hasta el punto de que puede llegar a minimizar e, incluso, ridiculizar estos problemas como si tan sólo fueran caprichos de inadaptados e inconformistas. Inadaptados a su condición social e inconformistas con ella.

¿Pero qué pasa cuando estos individuos clasistas son nuestros políticos?

Recuerdo una conferencia de prensa televisiva de una representante del gobierno en la que, mientras justificaba como medida de ahorro la sustitución del consumo en los hospitales públicos de agua embotellada por agua de la red de suministro, ella tenía sobre la mesa para apagar su sed una botella de una reputada y costosa marca.

Es una simple anécdota, pero siempre la he considerado una parodia muy gráfica del "para otros tengo lo que para mí no quiero". Escenifica en una secuencia el uso casi despótico que pueden llegar a hacer del poder democrático aquellos que se saben distintos hasta el punto de que ni tan siquiera sienten la necesidad de disimularlo en las formas.

Es difícil imaginar la justicia social impartida por los que se entienden con más derechos que el resto, por los señores del "usted no sabe con quién está hablando". La realidad del entorno que perciben los políticos que adolecen de esta concepción clasista del mundo condiciona indudablemente sus decisiones. Todas las leyes que dictan y las medidas que toman acaban siendo una simple adaptación o prolongación de su propia idea de la sociedad.

Son los políticos que asumen con naturalidad que millones de familias tengan que vivir con ingresos mensuales inferiores a las pagas que ellos les dan a sus hijos los fines de semana; son los que piden austeridad en las crisis mientras ellos y su entorno o clase prosperan y se enriquecen; son los que miden el empleo en número de contratos y no en tipo de contratos; son los del "mejor eso que nada" pero para los demás y, en definitiva; son los que ven todo esto con normalidad porque lo creen normal bajo sus valores morales y su ética clasista.

El resultado final del poder gubernamental ejercido por este tipo de políticos no puede ser otro que la construcción de Estados discriminatorios que siempre van a considerar a sus ciudadanos en función de la clase social que ocupen y que van a atender de forma desigual las reivindicaciones y necesidades de cada segmento de población.

En definitiva, podemos estar seguros de que los políticos clasistas siempre acabarán dando forma a Estados clasistas en donde todo girará alrededor de los intereses y la satisfacción de las élites sociales y económicas. Estados en los que los principios constitucionales más elementales de igualdad terminarán siendo tergiversados y adaptados para dar servicio a las ideas más oscuras del capitalismo de clases.

Es indigno ver como desde las poltronas del poder se nos pide que asumamos esta realidad social, y como desde gobiernos y organismos internacionales se nos intenta dirigir hacia una especie de resignación colectiva para que todos terminemos entendiendo como una verdad universal, que realmente lo que nos da derechos es el dinero, el prestigio, la fama, el gremio profesional, las amistades o cualquier otro factor que nos sitúe en una posición diferenciada respecto al resto. En esta verdad que pretenden que asumamos la igualdad de derechos de las personas se transforma en una quimera que sólo sirve para cubrir las apariencias y rellenar miles de bonitas leyes sin aplicación real, mientras que el "tanto tienes, tanto vales" se convierte en el principio que fundamenta la forma de actuar de los gobiernos.

El político corrupto.

El interés personal es la característica más básica y primitiva de todo ser humano; indispensable para su definición como individuo (no somos hormigas que podamos vivir sólo entregados a la causa del hormiguero), pero muy peligroso para la justicia social si no se controla.

Todos sabemos que para que sea posible la vida en comunidad el interés personal debe terminar allí donde empiezan los derechos de los demás, pero también debemos ser conscientes de que tampoco es sostenible la inversión absoluta de estos términos y que el ejercicio exagerado de los derechos sociales acabe anulando la identidad personal de los individuos.

Interés personal y justicia social requieren un equilibrio permanente. Es necesario que la balanza que los mide no se decante en ninguno de los sentidos porque, ni la justicia social puede reducir al individuo a un simple número sin personalidad propia, ni el interés personal puede someter a la sociedad a los deseos egoístas de nadie.

El desequilibrio de esas dos fuerzas contrapuestas es lo que ha convertido en monstruos al comunismo y al capitalismo. Cada uno en un sentido distinto, pero los dos han desestabilizado la balanza por poner más peso del debido en uno de los lados: el comunismo por fortalecer a la masa social olvidándose del individuo y el capitalismo por favorecer los intereses de un pequeño grupo de individuos en detrimento de los derechos del conjunto social.

El Estado es el responsable de conseguir ese equilibrio. Es el que debe permitir que el individuo se desarrolle con la libertad suficiente para poder alcanzar su progreso personal y, a la vez, el que debe garantizar que el interés individual no pisotee el interés colectivo ni la justicia social. Es, sin duda, una tarea muy difícil que requiere de aquellos que han de desempeñar las labores de gobierno el más alto grado de honestidad y su máximo nivel de compromiso con la ciudadanía en todas y cada una de sus decisiones.

Como el Comunismo ya es prácticamente historia, es en el Capitalismo y en sus redes en donde se encuentran actualmente los peligros que pueden romper la honestidad y el compromiso social de los políticos. Quedar atrapado en estas redes es posible incluso para aquellos que inicialmente entran en la política con sana intención y sin voluntad de lucro personal, pero es extremadamente sencillo y apetecible para los que ya entienden la política desde el principio como un simple instrumento para satisfacer su interés personal.

Las redes del capitalismo son muy variadas: van desde la posición social de la que ya hemos hablado, hasta el éxito profesional, la fama o el prestigio personal, pero realmente para el que es capaz de perder su honestidad en la vida política todas esas opciones se concretan en una sola: el dinero.

Antes de seguir me gustaría aclarar un concepto que, aunque parezca sencillo, he podido constatar que a veces no se entiende en toda su dimensión. Cuando pensamos en el dinero robado por los corruptos podemos llegar a asociarlo sólo a las cifras de sus beneficios por comisiones, sin embargo, la cuantía real del robo es muchísimo mayor. La mayor parte del dinero robado corresponde a los sobreprecios que se pagan en los contratos públicos al ser adjudicados sin criterios de eficiencia económica. Es decir, el dinero público que se le paga a un empresario corruptor por la obra o servicio adjudicado es mucho mayor que el que se hubiera pagado en un proceso de adjudicación limpio. Lo que debería haber costado cien millones seguramente nos costará ciento diez, ciento treinta, ciento cincuenta o doscientos millones. Es en estas cifras en donde está el importe real del robo porque, al fin y al cabo, el dinero que ingresa el corrupto sólo es un porcentaje de ella.

Entendida la auténtica dimensión del robo ligado a la corrupción debemos ponerla ahora en relación con sus consecuencias. El dinero que desaparece de las arcas públicas por culpa de la corrupción agranda el agujero presupuestario de los Estados pudiendo llegar a ser la única causa de él en aquellos países en los que la corrupción se convierte en un mal endémico. Por otro lado, ese agujero obliga a realizar ajustes económicos que, de forma ya casi habitual y mayoritaria, recaen en las partidas de gastos sociales, lo que conlleva, como todos sabemos, la desaparición de muchos servicios públicos y la pérdida de calidad de otros tantos con consecuencias sociales que van desde las que podemos calificar de graves como la paralización de los incrementos de las pensiones, la reducción de ayudas para los trabajadores en paro, el recorte de las becas de estudio, la desatención de comedores sociales, la eliminación de ayudas a la dependencia, etc., hasta las muy graves como la muerte de personas por culpa de las carencias sanitarias o de la desatención social.

Cada uno de estos efectos es evitable en la medida del importe robado por los corruptos, o lo que es lo mismo, cada euro de la corrupción es un euro menos en la atención a las necesidades sociales.

Comprobamos en esta secuencia que la corrupción política provoca sufrimiento social de una forma directamente proporcional a su dimensión. Cuanto mayor es ésta, mayor es el grado de desatención de las necesidades de la población y, por lo tanto, mayor el grado de destrucción del estado del bienestar.

Definido el fundamento, la dimensión y las consecuencias de la corrupción, podemos enfrentarnos ya a una sencilla pero importante categorización de los políticos corruptos.

De forma escueta podemos definir a los corruptos como individuos que, sin importarles en ningún momento los perjuicios públicos y las consecuencias sociales de sus actos, se valen de sus puestos políticos para favorecer negocios propios o, sobre todo, de terceros obteniendo con ello beneficios personales presentes o futuros.

Es precisamente el momento en el que obtienen su recompensa el factor que categoriza los dos tipos de políticos corruptos que existen porque lo que distingue a unos corruptos de otros es simplemente si quieren obtener el beneficio ahora o lo prefieren después de abandonar la vida política. Parece una diferenciación trivial pero implica dos formas de corrupción muy distintas en cuanto al nivel de riesgo y beneficio que conllevan, y define a dos delincuentes con caracteres diferentes y con delitos que tienen una distinta implicación social y económica. De manera coloquial podríamos denominarlos como el impaciente y el paciente.

- El corrupto impaciente es el que quiere el beneficio ya, el que se guía por el "Carpe diem". Su momento es ahora porque es ahora cuando tiene el poder político y cuando puede sacar tajada de la situación. Asume el riesgo de ser descubierto pero como contrapartida el beneficio que obtiene puede enriquecerlo rápidamente (la cuantía del botín dependerá de su poder para recalificar, adjudicar o favorecer de cualquier manera sus negocios o los de sus amigos).

- El corrupto paciente, por el contrario, sólo se limita a favorecer la actividad de otros para que sean ellos los que saquen provecho de la situación en un momento determinado, con la confianza de que llegado el día de abandonar la vida política recibirá de ellos su recompensa en forma de trabajo o cargo profesional de buena remuneración (consejero delegado, directivo o cualquier otro alto puesto en la actividad privada o pública). Seguramente el dinero que obtendrá no será tanto como el del político impaciente, pero la ausencia de riesgos y la tranquilidad legal de no cometer ningún delito visible lo compensará con creces. Además, el corrupto paciente obtiene como beneficio adicional una alta dignidad y estatus social por su labor pasada (la política) y futura (la de alto cargo privado o público). Es una especie de fino ladrón de guante blanco que pasa inadvertido por la política para lucrarse tanto monetaria como profesionalmente después de abandonarla.

El hecho de que el político impaciente pueda obtener un mayor beneficio económico y más rápidamente que el paciente no quiere decir que el delito de éste sea de menor entidad. El impaciente suele ligar su tropelía a la acción inmediata sobre el beneficiario, normalmente un empresario concreto que obtiene alguna concesión, contrato o licencia pública que le permite conseguir un gran beneficio en el corto o medio plazo. Sin embargo, el delito del paciente suele estar más vinculado al favor corporativo, aquel que le confiere a un determinado grupo o sector una ventaja económica en su actividad. Suele estar vinculado a la acción legislativa; a hacer leyes y normas a medida de unos intereses particulares.

Cada cierto tiempo nuestros gobiernos nos sorprenden con nuevas leyes difíciles de entender bajo cualquier criterio racional de eficacia social. Incrédulos nos vemos afectados por leyes que claramente favorecen los intereses de grupos y élites económicas y que nos dejan desamparados de derechos a la inmensa mayoría de los ciudadanos.

Reformas laborales que favorecen al sector empresarial a costa de la precariedad económica del conjunto de los trabajadores; regulaciones energéticas que incrementan los beneficios de los oligopolios tradicionales del sector mientras la pobreza energética alcanza cada vez a más personas; decretos que rescatan financieramente a bancos privados con dinero público para que estos mismos bancos sigan desahuciando a los que no pueden pagarles; liberalizaciones de servicios y dominios públicos que van a recaer en manos de determinados grupos empresariales, y leyes que favorecen en general a unos pocos en detrimento de la mayoría son sólo ejemplos que todos podemos tener en mente como muestra de una acción política dirigida. Todos ellos responden a una corrupción encubierta que por la vía de la imposición legislativa lleva a toda la sociedad hacia caminos que sólo benefician a los mismos grupos de poder económico que más tarde sitúan en sus estructuras directivas a los políticos pacientes, dando forma así a una compleja cadena de favores con la que todos ellos ganan pero la ciudadanía pierde.

Estamos acostumbrados a considerar corrupción sólo a la acción del primer tipo de políticos, los impacientes, porque son los que afectan directamente al dinero público de todos los contribuyentes, sin embargo, la corrupción del político paciente es tanto o más importante que la otra porque no sólo roba el dinero de todos, sino que ataca a la estructura social de un país y socava las bases de la justicia y del propio estado del bienestar.

Tanto el impaciente como el paciente entienden la política como un medio para sus fines y no como un compromiso con los ciudadanos que han depositado en ellos su confianza. Junto con sus pagadores son sin duda los personajes más dañinos de la sociedad ya que ningún otro delincuente tiene la capacidad de perjudicar a tanta gente. Los mayores criminales pueden dañar a decenas o, incluso, centenares de personas con sus actos, pero ¿a cuántos miles pueden afectar los políticos corruptos con los suyos? Son una auténtica lacra para un Estado y un virus para la sociedad que los soporta

Llegado a este punto podemos pensar que hemos alcanzado la definición de los políticos con el mayor grado de vileza posible, sin embargo, nos queda por describir el peor de todos: el político corrupto-clasista.

Hemos visto dos tipos de políticos tanto más peligrosos, cuanto más poder detenten en las instituciones democráticas de cualquier Estado: el político clasista que entiende la sociedad bajo un modelo ideológico segregacionista y el político corrupto que entiende la política como un medio para sus fines personales. Sin embargo, existe un tercer tipo de político más peligroso que los anteriores; el que aúna las características de los dos bajo una misma fachada, es decir, el que entiende la sociedad compartimentada en tipos de personas con distinto rango y dignidad, y la política como un mero instrumento de lucro particular.

El mayor peligro de este personaje para la vida política de un país es su total carencia de escrúpulos porque, a su entender, el rango social que detenta lo autoriza moralmente para utilizar los recursos públicos en su beneficio o en el de su grupo de relación.

Se comportan como sicópatas sociales, incapaces de sentir empatía por los demás y carentes de ningún tipo de remordimiento por el daño que infringen al conjunto social. Cualquier posible tipo de remordimiento por su conducta corrupta desaparece de su cabeza bajo el amparo de un halo ideológico que le confiere normalidad a lo que hace. Es el Marqués feudal cobrándose el derecho de pernada porque precisamente su rango de Marqués le otorga el poder natural y hasta divino para hacerlo.

Naturalmente es nuestro comportamiento consentidor el que ha permitido estos monstruos sociales, y digo sociales porque su existencia no sólo se limita al ámbito político sino que se extiende al resto del espectro público y a todo el privado. Este tipo de personajes están en la política, en la administración pública funcionarial, en el sector empresarial y hasta en el cuerpo religioso, y forman parte ya del conjunto social como un prominente quiste de difícil o imposible extirpación.

Nuestra actitud pasiva ha permitido el crecimiento de una especie de cultura del vasallaje que ha endiosado a muchos y sometido a la mayoría. Les hemos dado alas a todos los que ya tenían asumida de manera natural su superioridad frente al resto de mortales y, lejos de romper con las viejas ataduras morales que imponían el sometimiento de unos a otros por simple condición de nacimiento, lo que hemos hecho es alimentar unas conductas que han perpetuado una estratificación social vinculada al más rancio sentido de clase.

Todos somos absolutamente iguales; no existe diferencia entre un rey y un mendigo porque la vida, como el milagro que es, se nos concede a todos por igual sin distinguir derechos por el vientre de nacimiento ni por el entorno en el que nos toca desenvolvernos, sin embargo, por distintos argumentos como el dinero, la popularidad, el poder, el prestigio o la cuna, todos hemos ayudado a construir un edificio social donde el valor personal parece depender del piso que se ocupa.

Bajo esa actitud de sumisión hacia los que nos parecen superiores, y sin más cuestionamiento que la etiqueta de pertenecer a unas determinadas siglas, elevamos al poder a políticos de dudosa trayectoria y, lo que es peor, mantenemos en él a los que han demostrado una actitud infame, haciendo crecer en ellos un sentimiento de invulnerabilidad que los lleva a la confianza de que pueden seguir haciendo lo que quieran porque la ciudadanía los considera superiores y, por lo tanto, los más apropiados para gobernar sus vidas.

Vemos que de nuevo está en nuestras manos expulsar de los gobiernos a toda esta calaña política que intenta aprovecharse de sus puestos para convertirnos en peleles consentidores de sus desmanes. Es nuestra obligación perseverar en el objetivo de acabar con este tipo de personajes antes de que ellos acaben con nosotros y con el futuro de nuestra sociedad.

CAPÍTULO VIII

LA NECESIDAD DE LA IZQUIERDA

El nuevo feudalismo hacia el que se está dirigiendo nuestra sociedad sólo puede frenarse desde la izquierda ideológica.

Sé que a lo largo de todo el libro apenas he tratado la dualidad política derechas-izquierdas y que no he expuesto suficientes razones objetivas que argumenten la necesidad de recuperar los ideales socialistas de la izquierda como única forma de hacer frente a la creciente derechización del planeta.

Necesitamos volver al más puro ideal cristiano de sociedad para acabar con el paradigma individualista que está destruyendo los más elementales significados de la palabra "Humanidad".

Poco a poco la telaraña de la derecha está cubriendo todo el pensamiento social y está consiguiendo que creamos que sus preceptos ideológicos son los únicos válidos para alcanzar un mundo mejor, cuando, muy al contrario, es la derecha y sus fundamentos éticos los que están despejándoles los caminos a los nuevos señores feudales para que éstos puedan acabar imponiendo su dominio sobre el conjunto de la sociedad.

Hasta ahora lo único que he intentado en este libro es exponer lo que creo que son evidencias sociales del mundo en el que vivimos mediante el relato de hechos que esconden una oscura realidad de desigualdades e injusticias sociales. Ir más allá de este punto y vincular toda la problemática socioeconómica descrita con la dicotomía política entre derechas e izquierdas exige entrar en un plano mucho más subjetivo de valoraciones para el que necesito establecer antes tres relaciones conceptuales.

Son relaciones nacidas de criterios personales y, por tal carácter, admito que son totalmente cuestionables. Su aceptación será tan justa como su rechazo porque tan sólo son opiniones que forman parte de mi manera de entender el carácter humano.

Estas relaciones son:

- Vincular ser de izquierdas con ser socialista.

- Contraponer ser socialista a ser individualista.
- Relacionar ser individualista con ser de derechas.

Es una concatenación de argumentos que me lleva de un extremo al otro del citado carácter humano por relaciones y contraposiciones de conceptos que debo explicar individualmente.

<u>La relación: Ser de izquierdas → Ser socialista.</u>

Es, sin duda, la más fácil y lógica de las tres ya que ser de izquierdas siempre ha sido sinónimo de ser socialista o de ser comunista. Sin embargo, mi idea de ser socialista no está relacionada únicamente con el concepto político habitual, sino con un concepto humano general que abarca toda la dimensión del comportamiento y pensamiento de cada persona.

Ser socialista es lo mismo que ser social, y esto supone:

- Entender al colectivo por encima de la persona y a la persona como la parte fundamental del colectivo.

- Defender los derechos sin diferenciar su aplicación de manera clasista utilizando falsos rangos económicos, sociales o de nacimiento.

- Asumir que la libertad de una persona termina donde empieza la de otra.

- Comprender que las grandes desigualdades destruyen las sociedades y que para evitarlas es necesario acortar los extremos socioeconómicos existentes hasta, por lo menos, lograr erradicar la pobreza. El socialista no puede tolerar la coexistencia de personas que no sepan cómo conseguir el dinero para sobrevivir día a día, con personas que no sepan cuánto dinero ganan cada día.

- Concienciarse de que la distribución racional de la riqueza sólo es posible asumiendo con todas sus consecuencias: el establecimiento de sistemas tributarios equilibrados y regulados por organismos públicos justos e independientes.

- Estar dispuesto a ceder e, incluso, perder para convivir.

<u>La contraposición: Ser socialista ←→ Ser individualista.</u>

Definido el concepto de socialismo como una forma de pensamiento que entiende el bien común por encima del particular es fácil deducir que su antagonista ideológico es el individualismo.

Al igual que como indiqué con el socialismo, mi concepto particular del individualismo es el de un modelo de conducta personal nacido al amparo de algunas ideas filosóficas, políticas y económicas, y potenciado por el egocentrismo natural del ser humano, que se sustenta sobre cuatro dogmas no escritos pero que subyacen en las formas y los actos de quienes lo practican:

- El individuo tiene el derecho inalienable de actuar con libertad en la defensa de sus intereses.

- La superioridad de unos individuos frente a otros es una ley universal que se manifiesta en las capacidades, logros y condición natural de cada persona.

- La responsabilidad de un individuo termina donde empieza la de otro.

- El individuo es libre para usar el entorno en su beneficio.

Estos dogmas se caracterizan por situar al yo por encima de todo, concediéndole al individuo unas libertades y derechos a la altura de los del ya mencionado Robinson Crusoe en su isla desierta. Y es precisamente aquí donde estriba el problema de esta concepción ideológica, porque el individuo real no es un ser solitario en un territorio perdido, sino una parte de una colectividad cada vez mayor (ya somos más de 7.000 millones y seguimos creciendo) que exige para hacer posible una convivencia pacífica y justa el máximo respeto entre todos.

Se tratan realmente de ideas de carácter nocivo que tienen la capacidad de romper la sociedad y "zombificarla". La primacía de lo individual frente a lo colectivo siempre ha sido una de las principales causas de los conflictos sociales ya que cuando los intereses y derechos de unos se anteponen a los de otros surgen necesariamente enfrentamientos que, por desgracia, siempre acaban produciendo desigualdades e injusticias.

Todos los parámetros necesarios para que se produzca la citada convivencia pacífica y justa acaban destruidos cuando el individualismo toma las riendas de la sociedad o, lo que es lo mismo, cuando todos nos preocupamos sólo de nosotros mismos y nos desinhibimos de todo lo que nos rodea y no nos afecta directamente.

El tan conocido: "mientras que a mí no me afecte" se convierte para el individualista en un pensamiento recurrente que lo ayuda a construirse un mundo propio y aislado donde percibe la realidad como el espectador de una película que se acaba en el "The End" y que no tiene nada que ver con él.

El interrogante que surge ante esto es: en un mundo en clara expansión demográfica y, por lo tanto, donde la conciencia social y el respeto mutuo debieran ser las únicas guías de la conducta humana, ¿cómo es posible que haya podido acabar imponiéndose el individualismo como el modelo dominante de pensamiento?

La respuesta que suele darse a esta pregunta es la insensibilización frente a la realidad que están consiguiendo, por un lado, las nuevas formas de comunicación e interrelación nacidas al amparo de los avances tecnológicos, y por otro, la cantidad y rapidez de la información que recibimos. Sin embargo, aunque sí considero que estos hechos están en el origen de la creciente despreocupación generalizada ante lo que no nos afecta directamente, creo que la auténtica respuesta a la pregunta se encuentra en el excesivo culto a la persona que se está desarrollando en el conjunto de la sociedad.

Vivimos en una sociedad en la que la promoción de la autoestima nos lleva en demasadas ocasiones al engreimiento y a la idolatría personal. El "quiérete a ti mismo" empleado como fórmula (correcta en mi opinión) de estímulo de la personalidad en un mundo masificado y plagado de factores alienantes, se ha transformado en demasiados casos en "adórate a ti mismo", y ha acabado convirtiendo a muchos de sus seguidores en auténticos dioses ególatras.

Este exceso de egolatría en la sociedad ha propiciado el crecimiento del individualismo hasta el punto de convertirlo ya en la ideología dominante en la conducta social. Así, conductas que hasta hace poco tiempo quedaban circunscritas a reducidos clanes sociales propensos a la autoveneración y al sectarismo, ahora se están difundiendo como comportamientos cada vez más habituales en personas que no deberían tenerlos por su origen, formación o condición vital.

<u>La relación: Ser individualista → Ser de derechas.</u>

Sé que esta relación será la más controvertida y la que más rechazo pueda crear, sin embargo, por mi experiencia personal no puedo renunciar a creer firmemente que ser de derechas significa entender el mundo de manera individualista.

De todas formas, antes de seguir con mi argumentación me gustaría aclarar a quiénes considero realmente de derechas o, lo que es lo mismo, a qué grupo de personas hago referencia cuando las relaciono con la ideología individualista. En el capítulo VII vimos una clasificación de los votantes de la derecha que los dividía, atendiendo a la razón real de sus votos, en cuatro categorías diferentes: los convencidos por interés e ideología, los convencidos por tradición y fidelidad, los temerosos y los distraídos. De todos ellos, a los únicos que vinculo con el individualismo son a los primeros: a los que son de derechas por convicción ideológica e interés personal. El resto, aunque configuren una enorme masa de votantes para los partidos de la derecha y, a la postre, sean la razón real de sus triunfos en la urnas, no guardan una relación real con este vínculo.

Aclarado este aspecto, todos entendemos el ser de derechas como un concepto que engloba a una tipología de personas y personalidades tan grande que nos permite movernos entre un neonazi y un homosexual, o entre un octogenario ultracatólico y un joven liberal. Entonces, ¿qué significa realmente ser de derechas?

Responder a esta pregunta implica encontrar el nexo ideológico natural que unifica a todas las personas que se identifican de forma convencida con la derecha, y veremos que ese nexo no es otro que la concepción individualista del mundo.

Las líneas dogmáticas del individualismo se sustentan ideológicamente en algunas corrientes de pensamiento filosófico, y pragmáticamente en las teorías económicas, políticas y sociales defendidas por el capitalismo. Entre todas ellas es fácil identificar a las principales:

- Filosóficamente: el existencialismo, la teoría del superhombre de Nietzsche, el hedonismo cirenaico y, en general, todas aquellas doctrinas que ensalzan al hombre, a su voluntad y a sus deseos como las auténticas fuerzas existenciales.

- Económica, política y socialmente: el liberalismo y el neoliberalismo. Recordemos que estas doctrinas defienden la libertad de actuación de las personas y los mercados, la desaparición del intervencionismo estatal como símbolo de la libertad personal, lo privado frente a lo público y, en general, lo individual frente a lo colectivo.

Con este marco de nexos ideológico es intuitivo constatar que en los temas económicos y políticos la relación entre el individualismo y el ser de derechas es directa, ya que definirse de derechas exige reconocerse política y económicamente como liberal o neoliberal.

Asunto de distinta complejidad será situar dentro del mismo contexto los aspectos filosóficos que relacionen la definición de ideología de derechas con el individualismo.

La trampa de esta relación está en la vinculación que existe entre un amplio sector de la derecha y la moral religiosa. Esta tradicional asociación supone una premisa que hace difícil encajar la primacía del "yo", defendida por las escuelas de pensamiento afines al individualismo, con unas doctrinas religiosas mayoritariamente sociales y teocéntricas.

De todas formas, antes de profundizar en este grupo particular, podemos incorporar de forma muy obvia dentro del individualismo a otros grupos de la derecha que se ajustan perfectamente a estas doctrinas: los ultraderechistas y los liberales ideológicos y morales.

- Los ultraderechistas.

    Ajenos en esencia a cualquier tipo de ética social, los ultraderechistas (nazis, fascistas, falangistas, ultraislamistas…) entienden de manera normal la estratificación social, la diferenciación de las razas, la inferioridad de algunos colectivos por su condición (homosexuales, mendigos…) y el liderazgo natural de los fuertes. En definitiva, son los máximos exponentes de la supremacía del ego y de la voluntad del individuo sobre la del colectivo.

    Cabe indicar que aunque muchos de ellos abrazan el estandarte de una religión, lo hacen simplemente para tener otro factor que los diferencie y que, a la vez, justifique ideológicamente sus retorcidos actos (terrorismo, odio, violencia, etc.), por lo que quiero separarlos del grupo más importante que veremos en esta clasificación de la derecha también vinculado a la moral religiosa pero con una motivación diferente.

- Los liberales ideológicos y morales.

    Con esta denominación hago referencia a todos aquellos individuos que se definen de derechas por su ideología económica, política y social de carácter liberal y que se reconocen como agnósticos o ateos.

    Son lo que son de forma abierta porque en la derecha encuentran el camino natural para conseguir sus objetivos de maximización de deseos e intereses y no tienen problema alguno en reconocerse como los centros de sus acciones, es decir, son lo que podríamos denominar: individualistas convencidos.

Dejando aparte estos dos grupos por su clara vinculación con todas las ideologías individualistas y, por lo tanto, con el propio individualismo y su culto al "yo", debemos entrar a analizar el mencionado sector de la derecha religiosa.

Los separo de los grupos analizados, además de por su, a priori, cuestionable carácter individualista, por su dimensión. Su relevancia es tal que no se puede catalogar como un grupo de la derecha, sino casi como la propia derecha.

Aceptarse a uno mismo como individualista conlleva para muchos tener que superar las contradicciones personales y sociales que supone reconocer que el "yo" siempre está en ellos sobre todo lo demás. Esta realidad puede llevarlos unas veces a un conflicto interno por negarse a aceptar su naturalezaególatra, y otras veces a un conflicto externo por no querer que se les califique socialmente de ególatras. les cuesta reconocerse y que les reconozcan como personas individualistas, preocupados sólo por lo que les afecta de forma muy directa y centrados exclusivamente en sus intereses particulares, por esta razón, para hacer frente a estos conflictos morales, la mayoría acaban buscando el cómodo refugio de doctrinas que justifiquen y defiendan sus comportamientos.

Para un gran número de personas el sentimiento religioso se convierte realmente en una pantalla detrás de la que pueden esconder su egolatría tanto, de sí mismos, como de la sociedad en la que viven.

No es difícil darse cuenta que el cristianismo, el islamismo, el hinduismo, el budismo y el resto de los "-ismos" religiosos siempre han sido un refugio para la moral y el sitio donde han acudido con mayor frecuencia emperadores, faraones, reyes, sultanes, dictadores, mafiosos y, en general, todos los más representativos señores del individualismo para encontrar la dignidad de sus conductas.

Lo realmente difícil de este tema no es entender que las personas busquen la justificación moral de sus identidades individualistas en las doctrinas religiosas, sino asimilar cómo ha sido posible que las doctrinas religiosas hayan acabado dando cabida en sus contenidos dogmáticos a estas identidades individualistas. En definitiva, entender cómo religiones cuyos profetas fueron profundos socialistas con ideas enraizadas en el colectivismo han podido llegar a modificar sus dogmas para adaptarse a los del individualismo, hasta el punto de transformar el concepto de igualdad en el de estirpe y el de riqueza espiritual en el de riqueza material.

Para entender esta contradicción debemos darnos cuenta de que las relaciones entre las religiones y los poderes gobernantes de cada periodo histórico siempre han sido de mutuo apoyo. Se trataban de relaciones selladas con pactos tácitos con los que, por un lado, los poderes gobernantes conseguían ser investidos de una especie de autoridad divina ante el pueblo, y por el otro, las religiones se aseguraban su propia supervivencia y el poder social entre ese mismo pueblo. Este entendimiento entre ambas partes ha obligado a las religiones a adaptarse al carácter individualista de los poderes gobernantes dándoles justificación y apoyo doctrinal en todo lo que éstos les han demandado en cada momento histórico: expansión de los territorios, guerras, aplicación de medidas de sometimiento de la población, eliminación de competidores por el poder, etc.

En resumen, las religiones siempre han sabido acomodarse a los poderes gobernantes e individualistas de cada tiempo cediendo a los requerimientos de éstos para adaptar las doctrinas divinas a sus causas. Así, caminando de la mano de los poderes terrenales, las religiones han podido perpetuarse y, a la vez, darle a sus representantes y jerarquías dirigentes un gran poder social.

Siguiendo este hilo histórico llegamos al momento actual, donde el poder gobernante ya no lo representa el señor o el tirano de turno, sino el dinero y sus poseedores, lo que supone un cambio de paradigma que amplifica y dispersa el propio concepto de poder. Ante este nuevo escenario la mayoría de las religiones, siguiendo su tradicional espíritu adaptativo, han acomodado parte de sus doctrinas para dar cabida tanto a la posesión del dinero, como a los comportamientos individualistas asociados habitualmente a las prácticas utilizadas para conseguir su posesión abusiva.

En un curioso giro de la verdad, los mercaderes del templo se han convertido en modelos de la moral religiosa, y no porque los mercaderes hayan dejado de mercadear en el templo, sino porque la moral religiosa se ha adaptado para concederles esa dignidad.

Con esta justificación religiosa el individualista encuentra actualmente su salvación moral y social con su simple definición orgullosa de creyente y seguidor de los ritos propios de la religión en la que se encuadra. Así, por ejemplo, si uno se reconoce como católico o musulmán practicante, le basta con decirlo de forma abierta y ostentosa, con rezar habitualmente unas cuantas oraciones y con acudir a la iglesia o a la mezquita cuando lo manden las normas de la religión. De esta manera tan simple el derechista consigue convencerse a sí mismo y convencer a los demás de que su ética y comportamiento son totalmente correctos porque se ajustan a los mandamientos divinos.

Lo cierto es que la religiosidad de estos individuos sólo es un engaño personal y social que les ayuda a conservar la apariencia de lo que no son, escondiendo una verdad individualista que realmente los aleja de todas las grandes doctrinas religiosas de auténtico sentir social.

Los que creen en el darwinismo social del ser humano; los que asumen la superioridad natural de unos individuos sobre otros; los que piensan que los derechos de los demás están por debajo de los suyos; y, sobre todo, los que no entienden sus responsabilidades dentro de la sociedad, ni son socialistas, ni son, por mucho que se empeñen en demostrarlo, seguidores de ninguna religión por la sencilla razón de que sólo se siguen a sí mismos.

Por todo esto creo sinceramente que ser de derechas significa ser individualista, con independencia de que la persona que lo es lo reconozca abiertamente o trate de esconderlo detrás de falsas morales religiosas.

Razones para ser de izquierdas.

Vivir en sociedad es lo que nos ha permitido avanzar hasta convertirnos en la especie dominante del planeta. De hecho, no es posible imaginar ninguno de los logros de la humanidad de forma individual, todos han surgido gracias a la interacción social y a la conexión intergeneracional, y es precisamente en los momentos en los que se han truncado estos dos factores cuando se han producido los retrocesos más importantes en nuestra evolución.

La historia está llena de ejemplos que nos demuestran que la desaparición de las sociedades por culpa de conflictos internos y externos ha retrasado nuestro avance como especie. Podemos preguntarnos donde estaríamos actualmente si los conocimientos y progresos intelectuales y sociales conseguidos por todas las civilizaciones y pueblos que nos precedieron no se hubieran perdido en el tiempo por culpa de la destrucción que siempre ha acompañado al afán de poder de los individualistas. Aun hoy lloramos los conocimientos perdidos en los incendios de las grandes bibliotecas de Alejandría y Constantinopla, o la tecnología y ciencia de culturas que desaparecieron bajo los escombros de la barbarie, o la sabiduría irrecuperable de pueblos milenarios que sucumbieron arrastrados por el egocentrismo de sus propios gobernantes. Todos ellos representaron un paso atrás para la humanidad; todos nos hicieron retornar a tiempos ya superados que retrasaron siglos nuestro desarrollo social; y todos dejaron sólo tras de sí, como contrapartida, un miserable rastro histórico de sufrimiento.

Cualquier mirada a nuestro pasado revela que los conflictos sociales como las guerras de cualquier carácter (imperialista, religioso, étnico…), las diferencias raciales y de clases, las luchas por los derechos sindicales, la igualdad de género o la libre orientación sexual, absolutamente todos, siempre han sido conflictos de intereses individualistas nacidos del deseo de unos pocos de imponer su voluntad sobre los demás y de la incapacidad de muchos de reconocer y tolerar las diferencias humanas.

Transcurridos tantos siglos de errores la lógica dicta que ya deberíamos haber aprendido de ellos y que en estos momentos la razón y la conciencia social tendrían que ser las únicas guías de nuestra conducta, sin embargo, los hechos demuestran que siguen siendo la irracionalidad y la conciencia individual las que mandan.

La vida en sociedad nos ha dado la inteligencia y ahora nos tocaba demostrar que esa inteligencia nos permitía vivir en sociedad, pero la verdad es otra bien distinta, seguimos siendo egoístas en un mundo que necesita cada vez más de nuestra responsabilidad colectiva y de nuestra capacidad para pensar en los demás. Realmente sólo se trataba de ser de izquierdas, es decir, de ser socialistas ideológica y moralmente para, sin perder nuestra definición personal como individuos, poder establecer un entorno que nos facilitara la convivencia.

Las razones para ser de izquierdas no tienen solamente un carácter político, las razones reales son globales y tienen su fundamento en la necesidad de convertirnos en personas capaces de facilitar con nuestros actos un marco de relaciones sociales que haga compatible el desarrollo personal con el bienestar general de la colectividad. En definitiva, no se es socialista por votar a un partido de izquierdas, se es socialista por saber vivir en sociedad ayudando a crear las condiciones que nos permitan desarrollar una obra inteligente en la búsqueda del bien común.

Apartar al máximo el factor egoísta que define al individualismo es el objetivo real del socialista, de la persona de izquierdas que se siente uno más de un colectivo cada vez mayor y que, por lo tanto, entiende que ceder individualidad, comprender las diferencias con los demás y empatizar con ellos y con el entorno es lo que nos permite crecer como seres humanos.

Pudiera parecer que el socialismo siempre está enfrentado al individualismo, sin embargo, no se trata de una batalla del bueno contra el malo, se trata, como en la mayoría de las ideas contrapuestas, de alcanzar el equilibrio entre ambos. El individualismo, entendido como una manifestación de la personalidad, es necesario para el desarrollo de la humanidad pues permite el progreso del todo a partir del progreso de las partes. Precisamente, como ya vimos en otro capítulo, el mayor error que cometió el comunismo en su cruzada por la defensa del colectivismo fue despreciar la necesidad de desarrollo individual del ser humano y la fuerza del individualismo mediante la anulación de la iniciativa personal y la negación del reconocimiento de las metas particulares.

Definido de forma más simple, cuando mis logros personales me benefician a mí y al colectivo o, por lo menos, no perjudican a este último, el logro es en sí mismo totalmente beneficioso. Así, por ejemplo, si en mi trabajo aporto una idea que favorece al empresario y a mis compañeros trabajadores (es decir, a los dos componentes humanos de la empresa), entonces, bienvenida sea la idea y los reconocimientos personales que pueda obtener por ella; pero si, por el contrario, mi idea sólo favorece al empresario y a mi reconocimiento personal, perjudicando a mis compañeros, entonces nunca debería ni siquiera exponerla. Pensemos que en el caso contrario de que mi idea favoreciera a los trabajadores pero perjudicara al empresario sería éste el que se encargaría de que la idea no se pusiera en práctica, y seguramente después de exponerla me despediría.

El individualismo se convierte realmente en un mal cuando su fuerza consigue que desaparezca de nosotros todo rastro de sensibilidad social transformándonos en monstruosególatras incapaces de mirar más allá de nuestros propios intereses, porque es precisamente en ese momento cuando aparecen todos los problemas que hemos tratado en este libro.

La circulación del dinero entre bolsas, la codicia empresarial, la prevalencia del triunfo personal de los directivos y sus acólitos sobre el resto de factores laborales (seguridad, precariedad, estabilidad…), el despotismo político, el consumismo irreflexivo, la destrucción medioambiental, y todo el resto de problemas que hemos identificado a lo largo de la lectura sólo son el resultado de acciones individualistas, acciones que alejan a las personas que las llevan a cabo de sus responsabilidades humanas.

Actuar sin valorar o ni tan siquiera considerar los efectos de nuestros actos es el mayor mal social que podemos cometer. Hacerlo así supone no entender nuestros actos asociados a sus consecuencias o, lo que es peor, supone entenderlo sin que nos importen esas consecuencias. Es decir, se trata, en el mejor de los casos; de una inconsciencia, y en el peor; de una consciencia perversa que nos aísla de nuestras responsabilidades como seres sociales y nos aboca a la destrucción como colectivo.

Cuando se explota a un trabajador, cuando se le cierran las fronteras al que escapa del horror, cuando se contamina el medioambiente o cuando alguien pasa hambre en la sociedad de la opulencia, es porque el individualismo nos ha hecho insensibles al sufrimiento por la aceptación moral de sus dogmas. Ellos nos justifican y abren el camino de nuestro aislamiento social convirtiéndonos en el centro de un universo donde no importa nada que no nos afecte directamente.

Sin embargo, esto no va de un simple "sálvese quien pueda" como si nos creyéramos pasajeros de un barco que se hunde, esto va precisamente de que consigamos que el barco no se hunda y de que con el respeto y consideración mutua la travesía se nos haga a todos lo más agradable posible.

<u>El camino a recorrer.</u>

Localizado en el individualismo el origen de los males sociales que nos acosan, lo que debemos plantearnos ahora es cómo podemos ponerle remedio o, al menos, freno. Naturalmente, la solución más deseable sería un cambio de paradigma conductual bajo el cual todos fuéramos capaces de encontrar el mencionado equilibrio personal entre el individualismo y el socialismo, sin embargo, como podemos imaginar, esto sólo es una utopía de difícil consecución y, sobre todo, si queremos hacerla extensiva al conjunto de la sociedad. El ser humano lleva el carácter individualista en sus genes y según cada persona este carácter se va a mostrar de una u otra manera en función de sus valores particulares. Por esta razón, la solución a los problemas que plantea el individualismo hemos de buscarla en una entidad suprahumana, es decir, en una entidad que esté por encima del individuo y que sea capaz de controlar sus desmanes personalistas.

Esta entidad, como es obvio, no puede ser otra que el Estado porque sólo él tiene la capacidad suficiente para decirle "no" al individuo; un "no" que encierre una limitación normativa de actuación que siempre anteponga lo social a lo individual y el bien colectivo al particular. Al fin y al cabo, el Estado no es más que la representación del pueblo en instituciones que sólo deben tener como fin velar por el bienestar de ese pueblo.

El Estado como entidad y la política como instrumento son los que tienen que dar respuesta a la tendencia individualista del ser humano mediante la regulación de los actos personales que puedan incidir en la sociedad, y es precisamente en este momento cuando entran en contradicción los conceptos de Estado y política de naturaleza social con los de Estado y políticas de derechas.

Hemos visto que ser de derechas lleva implícito tener una ética individualista que se contrapone diametralmente a los sentimientos sociales necesarios para alcanzar una convivencia justa y sin conflictos. Bajo esta premisa creer que la derecha política e intelectual puede darnos las soluciones socioeconómicas necesarias para alcanzar la prosperidad social se convierte en un enorme error conceptual por la simple razón de que no está en la naturaleza ética de la derecha alcanzar ese objetivo.

Es una ilusión creer que los mismos individuos que sólo se preocupan de sus intereses personales pueden llegar a ser los gobernantes ideales de una sociedad justa. El que cree y sigue los dogmas del individualismo sólo vale para gobernarse a sí mismo ya que su nulo sentimiento social lo incapacita para nada más.

Los postulados políticos y económicos de la derecha que nos aseguran que el libre albedrío de las personas y los mercados resuelven por sí solos los conflictos sociales y los problemas de convivencia de los seres humanos tienen la misma coherencia que los que nos dicen que las dictaduras nos proporcionan libertad e igualdad. Son ideas que la razón reconoce como ilógicas y la historia demuestra como imposibles. Realmente estas ideas sólo han sido formuladas para justificar la libertad de acción de las personas con poder económico y social. Se tratan de puros argumentos doctrinales para dar fundamento seudocientífico a las pretensiones de estos individuos y a su afán de que el poder del pueblo, representado en el Estado, no interfiera en sus intereses particulares.

Ante esta realidad el político de derechas se convierte en un simple instrumento de las élites que detentan el poder socioeconómico. Un instrumento con el que estas élites consiguen marcos legales que les facilitan la libertad de acción en todos los asuntos que les interesan (laborales, productivos, comerciales, tributarios...) y con el que de manera lenta pero continuada consiguen ir dando forma a una sociedad que asimila como normales y correctos los dogmas del individualismo y las ideas económicas y sociales del neoliberalismo.

Vivimos un momento de grave riesgo socioeconómico en el que la apisonadora del capitalismo está intentando allanar el camino que acerca a sus beneficiarios a su mundo perfecto; un mundo sin restricciones legales que los puedan limitar y donde, por el contrario, sus deseos, manifestados en los grandes lobbies de poder, se conviertan en leyes. El ejemplo más reciente de esto lo tenemos en los oscuros acuerdos y propuestas comerciales entre países y continentes (TPP, CETA, TTIP, etc.) en los que el poder normativo y regulador de los Estados quedará supeditado, si nadie lo remedia, a la voluntad de las multinacionales o, lo que es lo mismo, en los que la soberanía del pueblo estará sometida a la dictadura de los individuos que componen las élites económicas. Y lo más significativo es que todo sucede de manera indolora gracias a la anestesia social a la que nos someten nuestros gobiernos de derechas que les permite pasar de puntillas por aquello que nos afecta muy directamente mientras centramos nuestra atención en lo banal.

He de confesar que me da miedo imaginar un mundo donde el individualismo nos lleve a la mayoría a restringir el sentido de vivir al simple acto de sobrevivir y donde nuestra existencia quede condicionada a los deseos y el poder de aquellos que logren alcanzar el estatus de élite. En definitiva, temo que el final de nuestra evolución como especie racional se reduzca a un simple darwinismo animal donde la supremacía del más fuerte sea el factor que rija la sociedad y nuestro destino.

Por todo esto, y ante el pretendido triunfo del individualismo como fórmula de dominación social, sólo nos cabe interponer fuertes Estados independientes de las élites de poder y sin miedo a tomar las medidas que sean necesarias para limitar la libre acción de sus voluntades.

No obstante, aunque la intervención del Estado sea necesaria para controlar los excesos que el individualismo pueda intentar cometer en la sociedad, existen factores del comportamiento donde el Estado no puede actuar porque sólo dependen de la ética y la responsabilidad moral de cada individuo. El anterior ejemplo, en el que vimos que nuestras acciones en el ámbito laboral deben quedar restringidas a todo lo que no le afecte negativamente al resto de trabajadores, nos vale para entender cómo el Estado no puede ser el que delimite en todo momento nuestras acciones y que debemos ser nosotros en esos casos los que marquemos nuestras propias barreras morales de actuación.

Se trata simplemente de ser conscientes de que el bien social es una tarea que nos compete a todos y que, aunque exijamos que existan Estados que corrijan y sancionen los abusos, somos nosotros en última instancia los que debemos preocuparnos de conseguir un entorno de convivencia estable que nos permita alcanzar el bienestar general.

Si queremos tener algún futuro como especie, la guerra entre la conciencia individual y la colectiva sólo puede ganarla esta última porque imaginar que podemos tener continuidad en un mundo superpoblado y en donde cada cual sólo se vea a sí mismo como la única razón para actuar, es una ilusión sólo sostenible si ese mundo nos lo imaginamos constantemente cargado de conflictos entre naciones, razas, etnias, clases sociales o, incluso, vecinos.

Debemos ser conscientes de que si no somos capaces de conseguir la justicia social necesaria para que todos podamos tener una vida racionalmente digna, entonces, como especie inteligente, sólo habremos sido un experimento fallido de dios.